Künstliche Intelligenz
Werden Roboter mit KI in Zukunft Gefühle haben?

Band 3 – Zusammenfassender Überblick

Maria Cura

**Künstliche Intelligenz
Werden Roboter mit KI in Zukunft
Gefühle haben**

Band 3 – Zusammenfassender Überblick

Widmung

**Für meine Kinder Leo und Ada,
und allgemein für die jüngeren Generationen**

Den jüngeren Generationen übergeben wir Ältere eine schwierige und trotz verfügbarer Informationsfülle eine schwer überschaubare, sehr komplex verwobene, immer virtuellere und mit Berechnungen planende und schwer verstehbare Welt.

Möge der weite und barmherzige Geist der Weisheit und des Lebens ihnen Wege in eine gute Zukunft zeigen und eröffnen.

Inhaltsverzeichnis

1. Vorwort

Vor etlichen Jahren (2018) beschäftigte mich die Frage sehr, ob Roboter Gefühle haben werden. Ich ging der Frage nach, ob auch unser Gehirn die Umwelt und die Ereignisse nur „digital" berechnet, oder ob sich unser Geist doch grundlegend von einer Rechenmaschine unterscheidet.

Damals aber waren viele Überlegungen noch ziemlich unklar und ausgegoren (was mir zu jenem Zeitpunkt nicht so ganz bewusst war). Deshalb habe ich später, mit mehr Klarheit, einen umfangreichen „Band 2" zu diesem Thema geschrieben.

Nun ist mir aber deutlich geworden, dass viele Menschen nicht gleich so ein dickes Buch zum Thema lesen möchten. Deswegen entschloss ich mich jetzt, die Gedanken noch einmal kürzer zusammen gefasst zu veröffentlichen. Auch wurde die eine oder andere Überlegung neu hinzu gefügt.

Da es ja schon „Band 2" gibt, habe ich diesen hier „Band 3" genannt. Ich lasse auch weiterhin „Band 1" veröffentlicht, auch wenn ich den „Band 1" nicht mehr als Erstlektüre empfehlen kann. Aber er enthält auch noch einige Gedanken, die in Band 2+3 nicht zu finden sind. Auch wäre es verwirrend, wenn in der Reihe Band 1 fehlen würde.

Doch wer schnell die wichtigsten Überlegungen lesen möchte, ist mit diesem Band 3 am besten bedient.

Die wichtigsten Kapitel sind:
- 7. Zahlen als 1-dimensionale Werte
- 9. Messvorgänge: 3-dimensional (Zeit-Punkt-gebunden wie alle Körper)
- 10. Erleben und die höhere Dimension: „Zeit-Raum" für Überblick und Weite
- 11. Gefühle und KI

Maria Cura, München, den 20. September 2022

2. Computerwelt – Menschenwelt – Körper und Geist – die Dimensionen der Zeit

Bis vor nicht allzu langer Zeit galt es als selbstverständlich, dass der menschliche Geist, und dass Gefühle ganz etwas anderes sind, als die Rechenleistung eines Computers. Aber heute träumen bereits manche Entwickler und Investoren ernsthaft davon, menschliche Erinnerungen aus dem Gehirn in einen Computer einzulesen und dort zu speichern, oder sie hoffen auf die Entwicklung von Robotern mit echten Gefühlen.

Höchste Zeit, sich neu Gedanken über den menschlichen Geist zu machen - am besten beteiligen sich sehr viele Menschen an dieser Aufgabe, da sie bestimmt nicht einfach ist. Die Autorin will hierzu ein Mosaiksteinchen beitragen. Sie stellt die These auf, dass der menschliche Geist zusammen mit dem Gefühl und dem Erleben (anders als der zeit-Punkt-gebundene 3-dimensionale Körper) 4-dimensional (Raum und Zeit ganzheitlich umfassend) arbeitet, während Rechner im Grunde mit 1-dimensionalen Zahlengrößen rechnen.

Über den Sitz der Gefühle weiß man nicht wirklich etwas Präzises (nur über Auslöser wie Botenstoffe und Reize und über Auswirkungen von Gefühlen), ein "Gefühlsteilchen" wurde jedoch noch nicht gefunden. Erleben, Gefühle und Bewusstsein entziehen sich immer wieder der exakten Bestimmung.

Mit den zunehmenden Fähigkeiten von Computern, Robotern und KI wird es trotzdem äußerlich immer schwieriger, die Unterschiede zwischen lebendigem Geist und Rechenmaschine zu erkennen. Aber gleichzeitig wird es zunehmend wichtiger, die Unterschiede zu begreifen, um nicht mit falschen Erwartungen großes Unheil anzurichten.

Immer mehr Fähigkeiten von uns Menschen (oder anderen lebendigen Organismen) können inzwischen Rechenmaschinen genauso gut oder sogar noch besser oder noch schneller vorweisen. Werden Rechenmaschinen in Zukunft die „besseren Menschen" sein? Die-

9

se Frage klingt nicht mehr ganz utopisch.

Doch gibt es meiner Beobachtung nach einen ganz fundamentalen Unterschied zwischen Rechenergebnissen und dem Erleben des menschlichen Geistes. Diesen Aspekt habe ich allerdings noch nirgends formuliert gesehen, daher schreibe ich hier darüber, um diesen Gesichtspunkt zur Diskussion zu stellen.

Fasziniert von den neuen Möglichkeiten der Computer sind wir schnell blind für die Bereiche, die einer Rechenmaschine unerreichbar sind. Hungrig nach Vereinfachung des Lebens, Beschleunigung, neuen Möglichkeiten, Erforschung bisher verborgener Bereiche, Kommunikationsmöglichkeiten in allen Richtungen, nach Heilung von Krankheiten, Verfügbarkeit von Wissen, mehr Zeit durch Abgeben von Aufgaben an selbsttätige Geräte: all dies erfüllt uns mit Bewunderung und Sehnsucht nach einem glücklicheren Leben dank Rechenmaschinen.

So ganz bewahrheitet hat sich diese Entwicklung zu einem besseren Leben nicht für jeden. Neben vielen Erleichterungen haben sich ungute Entwicklungen eingeschlichen (Stress am Arbeitsplatz durch immer mehr Hektik, Ablösen von persönlichen Kontakten durch virtuelle Welten, Gefahren durch ermöglichte wissenschaftliche Entwicklungen, die zu schnell und unüberlegt durch Konkurrenzdruck breit eingesetzt werden oder zu neuen Waffen führen, das nicht-mehr-Ernst-nehmen von Beobachtungen ohne Computer und Statistik, usw.).

Möglicherweise wird auch das Verhältnis des Menschen zu sich selbst gestört: Berechnungen und Simulationen werden allmählich grundsätzlich als Wegweiser glaubhafter und wirklicher empfunden, als das eigene Erleben und Empfinden und die Frage nach dem Lebenssinn selbst. Manches erscheint berechnet „alternativlos", obwohl es das mit geistiger Kreativität vielleicht gar nicht sein müsste.

Was bedeutet es, wenn wir nach Statistiken und Simulationen beurteilen, was sinnvoll erscheint und was nicht? Wie entsteht überhaupt das Gefühl, etwas sei sinnvoll, und welche Auswirkungen hat die computerisierte Welt auf diese Entstehung? Und werden

Roboter auch Gefühle und Sinn-Empfinden entwickeln können?

Zu diesen Fragen möchte dieses Büchlein ein paar Gedanken beisteuern.

Um diese Fragen von der Wurzel her anzugehen, ist es notwendig, zu untersuchen, was sind Zahlen und was bedeutet Berechnen und wo liegt der Unterschied zum lebendigen Erleben:

Dafür ist es wichtig, sich einen ganz tiefgreifenden Unterschied zwischen mathematischer Welt, körperlicher Welt und Erlebens-Welt klar zu machen (die hier genannten Stichpunkte werden in den folgenden Kapiteln – vor allem Kapitel 7-11 genauer erklärt):

- Dimensionsverständnis in dieser Schrift: Dimensionen sind Ausdehnungen in eine bestimmte Richtung. Je mehr Dimensionen, in desto mehr Richtungen können sich Ausdehnungen erstrecken (z.B. Länge, Breite, Höhe, Zeit-Raum).

- Mathematik beruht auf Zahlen. Zahlen isolieren und individualisieren und grenzen ab (z.B.: 1 Apfel und noch ein Apfel und noch einer sind 3 Äpfel, kein Apfelmischmasch). Zahlen sind 1-dimensional ausdrückbar (mit einer Linie bestimmter Länge). Mathematik ist in ihrem Innersten daher 1-dimensional, erst wenn man Dinge in der körperlichen Welt zählt, oder mathematische Ergebnisse in der körperlichen Welt anwendet, ist der Ursprung der Zahlen oder die Anwendung der Ergebnisse wieder in unserer körperlichen Welt zu Hause.

- Die körperliche Welt, in der wir uns befinden, ist räumlich 3-dimensional und zeitlich 0-dimensional (alles körperliche, auch unser eigener Körper, existiert in unserer Wahrnehmung nur in einem Augenblick: dem Jetzt-PUNKT – ein Punkt ist ohne Ausdehnung und somit dimensionslos).

- Unser Erleben ist räumlich 3-dimensional und zeitlich

mehrdimensional. Wir erleben ZeitRÄUME, auch wenn wir körperlich an einen ZeitPUNKT gebunden sind. Wir können uns an Vergangenes erinnern oder uns Zukünftiges ausmalen. Oder wir können verschiedene zeitlich ablaufende Möglichkeiten in der Fantasie erlebend vergleichen oder verbinden.

Da Computer viele Ereignisse simulieren können, erscheint es nicht gleich einleuchtend, dass nicht auch Rechenmaschinen zeitlich mehrdimensional wahrnehmen können. Aber eine Berechnung liefert immer Zahlen (und im Computer sogar letztlich nur Ja-Nein-Aussagen) und bleibt daher in der eindimensionalen Welt, so wirklichkeitsnah uns eine Simulation – z.B. in einem Film oder Spiel - auch für uns aussehen mag.

Berechnung aus Rechenmaschinen kann immer nur punktuelle Rechenergebnisse liefern, die können zwar durch punktuelle Befehle in der körperlichen Welt zusammengesetzt werden (z.B. als Ausgabe auf einem Bildschirm, so dass für uns ein Bild entsteht), aber es ist niemals eine ganzheitlich überblickende lebendige Wahrnehmung.

Lebendige Wahrnehmung aber kann „überschauen", kann Zusammenhänge ohne punkt-genaue Einzelanalyse erleben. Ein vereinfachtes Beispiel: in einer Ebene (näherungsweise 2-dimensional) kann ich nur die Dinge erkennen, die nahe vor mir liegen, nehme ich aber eine weitere Dimension (zu der flachen Ebene) hinzu, indem ich mit einem Flugzeug oder Fallschirm mich über die Ebene erhebe (3-dimensionale Sicht), so kann ich diese als Ganzes überblicken, kann die Weite fühlen und Bäume, Flüsse, Dörfer, Straßen usw. im Zusammenhang erkennen, ohne sie einzeln untersuchen zu müssen. Es gibt ein Gesamtbild – zwar senden meine Augen auch einzelne Punkte an das Gehirn, aber mein Erleben ist ein zusammenhängendes Ganzes. Ebenso ist es mit Erlebnissen, die sich über Zeiträume erstrecken: in der Erinnerung erscheinen sie mir nicht als isolierte einzelne Zeitpunkte, sondern als etwas Ganzes. Und wenn ich gedanklich in die Zukunft schaue, geschieht dies auch nicht punkthaft, sondern mit zusammenhängend gesehenen Entwicklungen.

Es ist nicht hundertprozentig eindeutig beweisbar, dass dieses Erleben tatsächlich ganz anders ist, als die Berechnung aus Daten der Körperwelt. Denn eindeutige Beweise kommen ja stets selbst aus dem zählbar Isolierbaren, das zu einem bestimmten Zeitpunkt festgestellt und dokumentiert wird. Geschehnisse in Zeiträumen werden bei beweisbaren Tatsachen durch Anfang und Ende, durch Beschreibung von Änderungspunkten und von durch Anfang und Ende definierte Größenordnungen dargelegt, und diese Beweise drücken sich daher in einzelnen, überprüfbaren Punkten aus. Daher kann die Ganzheitlichkeit einer weiträumigen Wahrnehmung nicht eindeutig bewiesen und nachgewiesen werden.

Die ungemessene und damit (punktuell) unverkürzte Weiträumigkeit bleibt in ihrer Daseinsfülle dem lebendigen Erleben vorbehalten. Sie ist auch angefüllt mit Möglichkeiten, die keine Rechenmaschine der Welt errechnen kann, die das Erleben aber spürt, ohne sie im einzelnen auszuführen. So ist Weite oft entspannend, löst den Geist von kleinlichen Überlegungen und öffnet für den tieferen Sinn des Daseins.

Wollte man dieses Erleben exakt und berechnend beschreiben, so wäre es, als würde ein Blinder versuchen, ein Bild zu beschreiben oder ein Tauber ein Konzert: es fehlen einfach die Mittel, weil das Ereignis in einem der Nachweisbarkeit (hier der Berechenbarkeit und Beweisbarkeit) verschlossenen Raum stattfindet. Exakte punktgenaue und wiederholbare Nachweisbarkeit ist blind für individuell Einmaliges und ebenso für übergreifend Ganzheitliches. Dass etwas nicht beweisbar ist, heißt aber keineswegs, dass es nicht existiert. Und es heißt überhaupt nicht, dass, was grundsätzlich nicht exakt nachweisbar ist, nicht dennoch von hervorragender Bedeutung ist.

Es gibt aber einen Gesichtspunkt, der den Unterschied zwischen Beweisbarkeit in unserer rein körperlichen Welt und der die Beweisbarkeit übersteigenden Wahrnehmung möglicherweise gedanklich verständlicher macht: der Unterschied zwischen der Jetzt-ZeitPUNKT gebundenen Körper-Welt und der ZeitRAUM-erfahrenden geistigen Welt des Erlebens . Es ist zumindest wert, darüber einmal nachzudenken.

Dieses Thema wird später noch einmal etwas ausführlicher aufgegriffen. Doch erscheint es schon hier, in der Hoffnung, dass es im Internet beim „Blick ins Buch" im Shop angezeigt wird.

13

3. Staunenswerte Welt – wir nehmen so vieles als selbstverständlich hin, was es oft gar nicht ist

Wir erleben unsere Welt, so wie sie ist, seit unserer Geburt, oder vielleicht schon bald nach unserer Zeugung. Daher nehmen wir so manch Wunderbares und Staunenswertes als gegeben hin und hinterfragen es nicht mehr, weil wir es uns gar nicht anders vorstellen.

So lässt es z.B. staunen (wenn man dafür offen ist), dass alles in unserem Universum zusammen gehört und doch aus unzähligem Einzelnen besteht:

Ein Atom ist für sich etwas Wahrnehmbares und in sich Bestehendes, und doch ist es meist ein Teil eines Moleküls. Ein Molekül ist selbst wieder eine begreifbare Einheit. Aber ein Molekül gehört zu einer größeren Umgebung, so könnte es z.B. ein Molekül in meinem Daumennagel sein. Der Daumennagel ist wiederum Teil des Daumens, der Daumen gehört zur Hand, diese zu meinem Körper. Mein Körper befindet sich in einer Wohnung, in einer Stadt, einem Bezirk, einem Bundesland, das gehört zu Deutschland, Europa, Erde, zum Sonnensystem, zur Milchstraße und schließlich zum Universum.
Das ganze Universum ist ein Ganzes, und doch ist es unterteilt in schier unendlich viele Elemente, die wiederum in verschiedenen Verbindungslinien ineinander verschachtelt und ineinander aufgehoben sind. Diese Verbindungslinien sind nicht einfach isoliert parallel nebeneinander, sie haben auch unzählige Querverbindungen. So ist das Notebook, auf dem ich schreibe, ein Objekt in meinem Zimmer, aber es ist auch Teil der IT-Entwicklung, Teil meiner Kreativitäts-Möglichkeiten, Teil der menschlich inzwischen möglichen weltweiten Kommunikation, aber auch Teil des Stromflusses, Teil der Ressourcen an seltenen Erden, Teil eines später zu entsorgenden Plastikmülls, usw.
Oder eine Person ist zugleich eingebettet in ihre Umwelt als Mutter, Büroangestellte, Konsumentin, Freundin, Mieterin, ehrenamt-

lich Engagierte, sich um Eltern Sorgende, usw., usw..

Es ist faszinierend, wenn man einmal anfängt, darüber nachzudenken, wie verwoben alles in unserer Welt ist, und dennoch auch für sich selbst steht. Alles ist mit allem verbunden, und doch ist so unendlich viel für sich selbst als Einheit in Ort und Zeit wahrnehmbar.
Die entferntesten Galaxien, die wir mit unseren Teleskopen entdecken können, sind tatsächlich mit uns verbunden, denn es sind Lichtquanten dieser fast unendlich weit entfernten Galaxien, die uns erreichen, und diese Lichtquanten sind winzige Energie-Einheiten, die auf unserer Erde etwas verändern, z.B. einen Punkt auf einer fotosensiblen Oberfläche hinterlassen – und Astronomen fangen dann an, das Weltbild, das wir vom Universum haben, anhand dieser Lichtpunkte zu überprüfen und vielleicht zu verändern. Möglicherweise reicht auch die minimale Gravitation, die weit entfernte Objekte aussenden, bis zu uns und verändert die Position und Bewegung der Erde minimalst, aber doch tatsächlich.

Normalerweise merken wir von diesen entfernten und kleinsten Einflüssen gar nichts. Aber die Chaostheorie hat uns gelehrt, dass es Situationen gibt, in denen der allerkleinste Einfluss eine große Veränderung bewirken kann (wenn z.B. ein System in irgend einer Weise auf der Kippe steht).

So kann man wirklich sagen, alles hängt in unserem Universum mit allem zusammen. Und kein Rechner auf der Welt könnte alle Einflüsse zusammen berechnen. Er kann immer nur Ausschnitte kalkulieren, und diese nur unter der Voraussetzung, dass keine wesentliche weitere, unberücksichtigte Wirkung stört.

Wir sind unauslöschlich Teil des ganzen Universums, und trotzdem sind wir individuell und können sagen „ich bin...". Und wir können Einzelnes auf den verschiedensten Ebenen als Einzelnes erkennen. Ob dies tatsächlich als Einzelnes existiert, oder ob diese Wahrnehmung eine Leistung unserer Wahrnehmens- und Erlebens-Fähigkeit ist, das bleibt dabei offen. Aber es ist wert, darüber zu staunen.

Und es ist nicht selbstverständlich, dass es so ist, auch wenn wir es nicht anders kennen. So könnte alles eine große, nicht unterteilte Ganzheit sein, die nur sich selber kennt und keine Differenzierung, keine Ausgestaltung in Unter-Einheiten. Oder es könnte viele Einheiten, auch unterschiedlicher Art und Form geben, aber sie wären alle isoliert, ohne eine Verbindung zueinander. Oder alles wäre nur ein wabernder Brei, in dem man nichts erkennen kann. Oder alles wäre starr ineinander verschachtelt und es gäbe keine Veränderung.

Übrigens sind die Elemente des Daseins in unserem Universum nicht nur räumlich und energetisch miteinander verbunden, sondern auch zeitlich. Alles geht zeitlich auseinander hervor. Auch das ist nicht selbstverständlich. Es könnten auch Elemente einfach so, ohne Vorbedingung „aufpoppen", könnten plötzlich da sein, oder plötzlich verschwinden, ohne dass es einen Prozess gäbe, der dahinter steht. Aber das geschieht nicht: Materie und Energie bleiben erhalten oder verwandeln sich ineinander, aber sie sind nicht plötzlich da oder weg, zumindest nicht in der Welt, die wir alltäglich erfahren. Vielleicht geschieht dies auch überhaupt nicht, oder nur im Urknall. Alles entwickelt sich aus unzähligen Vorbedingungen und beeinflusst so vieles oder möglicherweise subtil sogar alles, was danach kommt. Und die Zeit schlägt in unserer Wahrnehmung keine Kapriolen, sie läuft nicht mal stellenweise rückwärts, bleibt erstarrt stehen oder hüpft zu einem anderen Zeitpunkt: zumindest für unsere Wahrnehmung fließt sie (subjektiv manchmal langsamer oder schneller) zuverlässig von der Vergangenheit über den Jetzt-Zeitpunkt in die Zukunft. Und sie fließt für alle Elemente in etwa gleichmäßig (und nicht nur für mich) und vor allem vorhersagbar (auch wenn Beschleunigung den Zeitfluss nach der Relativitätstheorie verändert, so geschieht dies doch nach genau messbaren Gesetzten und ist berechenbar). Wie verwirrend es sein könnte, wenn diese zuverlässige Kontinuität des Zeitflusses an manchen Orten nicht der Fall wäre, das beschreiben manche Fiktion-Romane mit Zeitreisen.

Raum und Zeit sind also in unserer Wahrnehmung und Beobachtung und Messung kontinuierlich. Es gibt keine Lücken im Raum (von Schwarzen Löchern einmal abgesehen), oder Raum in der alltäglichen Umgebung, der sich gestaucht verdichtet oder plötzlich weitet (so dass unser Zimmer z.B. plötzlich nur noch halb so groß

16

oder doppelt so geräumig wäre, und zwar ohne dass es Verschiebungen gäbe – einfach so). Ebenso gibt es keine wahrnehmbaren Lücken im Zeitfluss (außer unser Gehirn steht unter Drogen), nicht für unsere Wahrnehmung und nicht für Messgeräte. Auch Zeitkapriolen erleben wir nicht.

Es ist faszinierend, dass Zeit und Raum uns die Möglichkeit der Veränderung schenken, aber dass dies mit so viel Kontinuität und Zuverlässigkeit geschieht, dass sich hohe Komplexität entwickeln kann, wie unsere Natur, unser Körper und unser Geist und die vielen anderen Erscheinungen unseres Universums.

Auch die Kontinuität von Energie und Materie und ihrer Verwandlungs-Gesetze ist eine notwendige Voraussetzung für unser vielfältiges Dasein.

Im Grunde sind es die Naturgesetze, die uns die Stabilität und zugleich den Raum zur Entfaltung schenken. Auch wenn wir die Naturgesetze als selbstverständlich gegeben hinnehmen – sie sind nicht selbstverständlich. Sie sind wie ein Wunder.

Und in unserer Welt sind Fülle und Leere möglich. Und nur deshalb kann es Veränderung geben. Leere meint hier immer leer von etwas, sie meint nicht „gar nichts“. So kann ich ein leeres Zimmer in unterschiedlichster Weise einrichten – ein volles Zimmer hat dann schon weniger offene Möglichkeiten der Einrichtung. Es gibt auch „leere Zeit“, nicht nur „leeren Raum“. Das sind für uns Menschen z.B. Pausen und Urlaub, aber auch viele weitere Situationen, die uns neue Möglichkeiten eröffnen. Das Thema der „Möglichkeitenräume“ habe ich übrigens ausführlich in anderen Veröffentlichungen erörtert.

Die Verflochtenheit unseres Daseins nach den Naturgesetzen mit der Ganzheit des Universums und den Zeitläufen seit der Urzeit (Urknall?), zusammen mit Stabilität und Beweglichkeit lässt nur noch staunen.
Mich persönlich beeindruckt es auch, wieso Wellen sich gleichmäßig im Raum ausbreiten: gleich ob Stern oder Kerzenlicht, die Lichtstrahlen werden vollkommen gleichmäßig von der Quelle aus in den Raum gesandt. Wie ist es eigentlich mit einem viereckiger

Stein, den man ins Wasser wirft: erzeugt er zuerst viereckige Wellen, oder kreisförmige oder werden aus viereckigen nach und nach kreisförmige? Wahrscheinlich lassen sich die dahinter stehenden Naturgesetze beschreiben – aber dennoch: wer oder was bringt die Erscheinungen wie Materie und Energie dazu, sich den Naturgesetzen entsprechend zu verhalten? Ich finde das faszinierend und geheimnisvoll.

Und ohne Begrenzung und Ausdehnung wäre auch nichts, was wir erkennen könnten. Die Mischung von beidem ist in jeder Erscheinung, in jedem Element des Universums gegeben. Ohne Begrenzung gäbe es nur formlose Unendlichkeit, und ohne Ausdehnung wäre alles nur ein einziger Punkt ohne Dimensionen. Es ist die Vereinigung von Ausdehnung und Begrenzung, die unsere Welt entstehen lässt.

Und alles, was wir kennen, hat Festigkeit und Beweglichkeit, nimmt einen begrenzten Raum ein und besteht in einer bestimmten Form nur für begrenzte Zeit. Nur dadurch kann es ein sich wandelndes Universum und darin auch uns Menschen geben. Alles, was erkennbar existiert, braucht einen Ausschnitt von Raum und Zeit, erfüllt diese aber niemals ungewandelt in die Unendlichkeit hinein.

All diese Vorbedingungen umfassend zu berechnen, wird uns nie gelingen, selbst wenn die Erde nur noch in einen riesigen Computer verwandelt würde. Aber dieses Universum, mit all den erstaunlichen Vorbedingungen und gegenseitigen Wechselwirkungen, das ist unsere Wirklichkeit, in der wir sind. Wir sind ein „unverrückbarer" Teil dieses universellen Daseins – anders als virtuelle Welten, die man an- und abschalten, am Schreibtisch kreieren oder auslöschen kann. In der Wirklichkeit sterben wir, aber unsere im Körper enthaltene Energie und Materie bleibt unverrückbar bestehen, und möglicherweise auch unser Geist, auf einer anderen Ebene – aber das können wir nicht wissenschaftlich nachweisen, das ist der Bereich des Glaubens, der Seele und des Empfindens. Eine virtuelle Welt kann kopiert werden oder gelöscht, sie ist eben virtuell. Wir können nicht als Mensch 1 zu 1 kopiert werden, und wir können aber auch mit dem, was wir sind und in der Welt verändern nie völlig gelöscht werden. Was wir getan haben, bewirkt haben, das bleibt „eingeschrieben" in den Lauf der Welt.

Möglicherweise leben wir in Unendlichkeiten. Vielleicht ist das Universum unendlich, vielleicht ist der Zeitlauf unendlich. Ist das nicht so, müssten wir uns fragen, was hinter einer „Endlichkeit" liegt, denn dass etwas endlich ist, bedeutet ja, dass es eine Begrenzung gibt, wo es aufhört – und damit, dass es nach unserem Verständnis ein „Dahinter" gibt (selbst der unendliche Kreis hat ja einen Bereich um sich, den er nicht ausfüllt und nicht umrundet – also wäre auch die Frage zu stellen, was bei einem gekrümmten Universum hinter der Krümmung läge). Das bedeutet aber doch ebenfalls, dass wir uns in Räumen uns bewegen, die wir nicht mehr berechnen und verstehen können, die über das abstrakte Fassungsvermögen unseres Geistes hinaus gehen. Und doch sind diese Unendlichkeiten (oder sind es für uns unfassbare „unbegrenzte Begrenztheiten"?) vermutlich Teil unserer Wirklichkeit.

Wir sind Teil der Wirklichkeit, ob wir es wollen oder nicht. Aber wir können diese Wirklichkeit mit unserem Geist nicht vollständig durchdringen. Und wir können sie nicht vollständig berechnen. Wir können sie aber staunend in uns aufnehmen.

4. Die verschlungenen Wege der Wirklichkeit

Alles, was heute geschieht, hat nahezu (oder tatsächlich?) unendlich viele Vorbedingungen.

Das Universum musste entstehen, in gigantischen Sonnen wurden in langen Prozessen die Elemente zusammengesetzt, die wir heute auch auf der Erde finden (nicht nur Wasserstoff und Helium, wie sie in unserer kleinen Sonne entstehen). Unser Sonnensystem musste sich formen, die Erde sich aus Staub verdichten, das Leben entstehen, Sauerstoff von Algen produziert werden, Tiere und Pflanzen und schließlich der Mensch entstehen. Dabei musste ein zugleich stabiles Ökosystem aufrecht erhalten werden und doch musste gleichzeitig Veränderung und Entwicklung möglich sein.

Und der Mensch entwickelte den aufrechten Gang und ein großes Gehirn, damit lernte er Werkzeuge erfinden und logisch denken und entwickelte differenzierte Sprache. Nach und nach entdeckte er immer mehr Möglichkeiten der Umweltgestaltung, und mit Hilfe dieser Möglichkeiten eröffneten sich ihm weitere Entdeckungen und Erfindungen. Weltbilder und Riten entstanden. Die Schrift wurde erfunden, Staaten und Rechtssysteme wurden gebildet, Wissenschaften wuchsen und Lehrsysteme, der abstrakte Geldwert wurde eingeführt und Handel über weite Wege ermöglicht. Unternehmen wurden gegründet, neue Transportmittel erhöhten die Geschwindigkeit des materiellen Austausches und der Reiseangebote. Und schließlich hat das Internet die Kommunikation noch einmal revolutioniert und beschleunigt.

All dies - und noch viel viel mehr - musste geschehen, damit ich heute hier am Computer dieses Buch schreiben kann. All dies ist quasi in mir und in meinem Geist mit enthalten und ist Ausdruck dieses Entstehungsweges. Ich bin nicht aus mir allein heraus geworden, sondern ein Weg über Jahrmilliarden liegt vor meiner Geburt. Diesen Weg trage ich in mir und gebe ihn auch in allem was ich tue und schaffe weiter, angereichert mit meiner eigenen Existenz und meinen eigenen Gedanken, Worten und Handlungen. Ich bin aus den Vorbedingungen der Vergangenheit entstanden und mit mir in dieser Welt, zusammen mit allem was sonst noch ist, verwandelt sich die Zukunft in Gegenwart und schließlich in Vergangenheit, in der alle Vorbedingungen bewahrt sind - würde morgen die Vergangenheit sich in „Luft" auflösen, es gäbe auch uns nicht mehr. Aber wir erleben unsere Welt als zeitlich stabil, und in unserem Dasein haben wir noch kein Verschwinden der Vergangenheit erlebt, und wir vertrauen darauf, dass der Zeitfluss immer so bleibt, wie wir ihn kennen: Zukunft kommt auf uns zu, wird zu Gegenwart und verwandelt sich in bleibende Vergangenheit.

Doch ist nicht nur alles, was heute ist, linear mit der Vergangenheit verknüpft, es ist auch ganz vieles untereinander im Augenblick der Gegenwart verbunden. Sei es auf der physikalischen Ebene (wie ich oben schon beschrieb), dass die Kräfte des Universums und der Naturgesetze auf meinen Körper und alle körperlichen Erscheinungen wirken, sei es auf der geistigen Ebene, dass wir Menschen voneinander abhängen, uns wechselseitig und unsere Arbeit und Leistung brauchen. Aber auch für Freude und Lebenssinn sind wir uns gegenseitig wichtig (leider auch in Krieg und Zerstörung). Und wir sind längst hochgradig abhängig von den Werkzeugen und Mitteln, die wir mit unserer Intelligenz geschaffen haben, nur mit ihrer Hilfe und unserem Wissen, sie einzusetzen, hat die Umwelt, wie sie uns umgibt und versorgt, Bestand (wobei wir inzwischen auch die Fähigkeit haben, in großem Maß zu zerstören). Und nur, wenn wir unser Wissen weitergeben, kann diese Umwelt so weiter bestehen, wie wir sie gestaltet haben und kann sich auch weiter entwickeln (oder leider auch zerstört werden).

Wir tragen die Ereignisse der Vorbedingungen (und das sind unzählbar viele) stets in uns, wir sind durch sie geworden, sind durch sie geworden, was wir sind. Wir sind nicht aus uns selbst heraus entstanden, und wir können auch nichts allein aus uns heraus erschaffen, ohne alle Vorbedingungen ganz von selbst mit einzubeziehen – gleich ob wir uns dessen irgendwie bewusst sind oder nicht. Dies zu erkennen, kann bescheiden machen.
Wir leben und handeln aus dem heraus, was die Vergangenheit in uns und in unserer Umwelt angelegt und hinein gelegt hat. Und wir reichen all dies an die Zukunft weiter, zusammen mit unserem gegenwärtigen, individuellen und verändernden Beitrag, mag dieser winzig oder größer sein: die Zukunft erwächst aus allen Vorbedingungen und unserem gegenwärtigen Beitrag (und den Beiträgen unserer gesamten Umwelt).

Und jede einzelne meiner Handlungen (und auch das Unterlassen von Handlungen) ist auf verschlungenste Weise mit der Außenwelt verknüpft und beeinflusst sie. Hier ein alltägliches erfundenes Beispiel:
Beim Staubwischen fällt mir ein älteres Foto in die Hand, das mich mit meiner alten Schulfreundin zeigt. Mir wird bewusst, dass ich zu lange keinen Kontakt mehr mit ihr hatte, und ich entschließe mich, sie anzurufen. Sie ist gerade dabei, die Koffer für eine lange Reise zu packen, will mir aber trotz Zeitdruck noch erzählen, was sie vorhat, denn auch sie freut sich, dass ich mich nach längerer Zeit gemeldet habe. Doch die Zeit bleibt nicht stehen, und sie erreicht nicht mehr den Zug, mit dem sie fahren wollte. Deshalb nimmt sie einen späteren Zug. Dort lernt sie zufällig den Mann kennen (den sie sonst nie getroffen hätte), den sie heiratet und mit

dem sie Kinder bekommt. Eines dieser Kinder wird eines Tages berühmt (z.B. als Präsident, Wissenschaftler, Journalist) und verändert in der Zukunft sehr vieles. Das alles wäre nicht geschehen, wenn ich nicht Staub gewischt hätte, und mich dabei das Foto an meine Schulfreundin erinnert hätte. Aber ich werde nie wissen, dass ich damit einen großen Einfluss auf das Weltgeschehen hatte.

Wir wissen um etliche Dinge, die wir bewirken – aber die große Mehrheit der Auswirkungen unserer Handlungen in Gegenwart und Zukunft ist uns gar nicht bekannt. Aber auch wenn wir es nicht wissen, und sogar wenn wir vergehen und sterben – unsere Handlungen (gleich ob große oder kleine Handlungen – sie sind alle mit der gesamten Wirklichkeit verschlungen) unsere Handlungen bleiben ein Teil der universalen Welt-Geschichte, sie sind als Teil des Ganzen (über die Zeiten hinaus) unvergänglich.

Ein anderes Beispiel:
Ein Kind wird gezeugt. Dafür stehen bei der Zeugung unzählige Samenfäden zur Verfügung. Welcher Same wird sich mit dem Ei vereinen? Wir wissen es nicht. Und was wir noch weniger wissen, ist, zu welchem Zeitpunkt welcher Samenfaden mehr Chancen hat. Vermutlich geht es um Sekunden, die einen Unterschied machen, da die Samenfäden in der Samenflüssigkeit durcheinander wirbeln und es so jeden Moment sich eine andere Chancen-Kombination für das kindliche Erbgut ergibt. So können nicht nur Wochen, Tage oder Stunden darüber entscheiden, welche Persönlichkeit das Kind später haben wird, sondern es sind vermutlich Sekunden.

Wir leben in einem „Meer von miteinander verbundenen Geschehnissen": von Geschehnissen die aus der Vergangenheit heraus unser heutiges Dasein bestimmen, von Geschehnissen, die in der Gegenwart die Welt in die Zukunft steuern, und sogar von Geschehnissen, die wir uns in unserer Fantasie ausdenken, und die wir anstreben oder zu vermeiden suchen.

Und unzählig mehr Geschehnisse, als uns ins Bewusstsein gelangen, bestimmen unser Dasein, unsere Gefühle, unsere Erwartungen und unser Verhalten mit. Künstler können diese Geschehnisse gebündelt in ihr künstlerisches Schaffen einbringen. Ihre Kunst ist intuitiver Ausdruck ihres Daseins in dem Meer der Geschehnisse.

Und hier kommt etwas in die Welt, das nicht mehr durch Berechnungen virtuell geschaffen werden kann. Selbst wenn ein Kunstwerk in seinem So-Sein rechnerisch nachvollziehbar wäre, so bräuchte es gigantische Rechenmaschinen, um wirklich alle Einflüsse mit einzuberechnen. Meiner Meinung nach aber ist im künstlerischen Ausdruck mehr enthalten, als nur berechenbare Elemente.

Es gibt inzwischen allerdings Computer, die Kunstwerke erschaffen oder Musik komponieren, die nicht mehr leicht von einem von Menschen geschaffenen Kunstwerk zu unterscheiden sind. Aber hierfür müssen sie lernen, wie Künstler oder Komponisten ihre Werke gestalten. Ein Künstler steht zwar auch in der Tradition seiner Zeit, aber er kann aus sich heraus kreativ neue künstlerische Formen erschaffen. Ich glaube kaum, dass eine Rechenmaschine, die mit Renaissance-Bildern gefüttert wurde, andere Kunstwerke als solche im Renaissance-Stil errechnen und ausdrucken würde. Künstler aber jedoch können sich über den Stil ihrer Zeit hinweg setzen und aus sich heraus etwas Neues schaffen, was von anderen Menschen auch intuitiv als künstlerisch wert geschätzt wird.

Doch nicht nur wir Menschen stehen in diesen verschlungenen Verbindungen: jedes Atom wird von seiner Position im Universum mit bestimmt, von seinem Ort, seiner Zeit und all den Kräften, die aus dem Universum auf es wirken. Wir können grob die wichtigsten Kräfte, die auf der Erde auf ein Atom wirken, berechnen und daher sein Verhalten möglicherweise (sofern nicht zu viele chaotische Komponenten dabei sind) einigermaßen genau vorhersagen: aber alle Kräfte, die aus dem Universum einwirken, werden wir wohl nie rechnerisch einbeziehen können.

Wir können mit Berechnungen hochleistungsfähiger Computer tatsächlich erstaunliche Ergebnisse erzielen, besonders im physikalischen, einfach naturgesetzlichen Bereich, oder in Bereichen, die sich bei Menschen auch geistig oft wiederholen: aber die Wirklichkeit in ihrer Gesamtheit, die kann keine noch so große Rechenmaschine erfassen, dafür müsste vermutlich das ganze Universum zu einer Rechenmaschine werden – und vielleicht würde nicht einmal das ausreichen. Und dabei ist noch nicht einmal berücksichtigt, dass entsprechend der Chaostheorie vieles in unserer Welt gar nicht hundertprozentig berechenbar ist. Chaotische Prozesse sind allgegenwärtig (vom Wetter bis zu unserem gesunden Herzschlag). Mit ihrer Unberechenbarkeit enthalten sie auch immer eine Unvorhersagbarkeit, und mag sie auch noch so klein und unwahrscheinlich sein – sie ist vorhanden, und irgendwann kann das Unwahrscheinliche geschehen.

Ist unsere Wirklichkeit nicht staunenswert? Und ist es nicht denkbar, dass unser Geist noch einen anderen Zugang zur Wirklichkeit hat, als das Berechnen (das unbewusst im Gehirn ständig stattfinden soll)? Alles hat zwei Seiten in unserer Welt: eine begrenzte und damit teilweise auch berechenbare Seite, und eine offene Seite, die weiter und unbegrenzter ist, als alles Berechenbare. Mit verständlicher Begeisterung über die neuen, vorher ungeahnten Fähigkeiten der Computer, wird in unserer heutigen Zeit vor allem auf das Berechenbare geblickt. Es scheint die Zaubermacht zu sein, mit der alles untersucht werden kann, verstanden werden kann und schließlich gesteuert werden kann. Da das Berechenbare als Element eigentlich in allem was ist, enthalten ist, fällt es leicht zu meinen, mit der Berechenbarkeit die ganze Wirklichkeit erfassen zu können. Doch ist dem tatsächlich so – oder verlieren wir dabei den Blick auf ganz wesentliche Anteile unserer Wirklichkeit?

Dieser Frage soll hier nachgegangen werden: begreifen wir unsere Wirklichkeit durch Berechnen am durchdringensten, oder gibt es noch andere Ebenen? Liegt vielleicht derjenige Anteil unseres Geistes, der zur berechnenden Analyse fähig ist, in seiner Wahrnehmung eine oder mehr Dimensionen unterhalb von Wahrnehmungen unseres Geistes, die über die Berechenbarkeit hinaus reichen, weiter, offener und Erlebnis-fähiger sind, als die berechnenden Wahrnehmungen? Können wir mit unserem Erleben in Dimensionen hineinreichen, die niemals mit Berechnungen erreicht werden können? Sind dies Wahrnehmungen, die wir gerade dann machen, wenn wir nicht analysieren, benennend eingrenzen, rechnen, logisch denken?

Für diese Frage ist es wichtig zu verstehen, in welcher Dimension sich Zahlen als Basis von Berechnungen bewegen, und in welchen Dimensionen Messungen und Zählungen stattfinden, die ja die Grundlage für Berechnungen sind. Der hier verwandte Dimensionsbegriff ist erst einmal der traditionelle: Länge, Höhe, Breite

24

und Zeit. Aber die Dimension der Zeit wird hier noch einmal differenziert. Daraus ergeben sich schließlich neue Überlegungen zu übergeordneten Dimensionen. Nach diesen Überlegungen liegen unsere analytischen, experimentellen und rein logisch-verstandesmäßigen (und auch die IT-bedingten) Fähigkeiten unterhalb von Dimensionen, mit denen wir mit unserem Geist Bereiche des Ganzen erfassen können, einen weiten Überblick erleben, und vielleicht sogar den fundamentalen Lebenssinn spüren und er-leben. Paul McCartneys Songtext (Beatles) „The fool on the Hill" beschreibt sehr gut, dass man mit dem Loslassen des Analysierens weiter und tiefgründiger in die Wirklichkeit schauen kann.

5. Undendlichkeiten, Leere und Möglichkeitenraum – das Unberechenbare

Ein ziemlich abstraktes Kapitel, es kann auch übersprungen werden.

Unendlichkeit und auch letztendliche Endlichkeit (also dass es überhaupt Begrenztes gibt, räumlich oder zeitlich) sind nicht wirklich verstehbar – und Unendlichkeit entzieht sich der einfachen Berechenbarkeit. Ebenso die Leere, das Nichts, oder der offene Möglichkeitenraum.

Unendliches ist mathematisch nicht wirklich beschreibbar. Die Mathematik selbst enthält allerdings auch unendliche Möglichkeiten: so können die Zahlen unendlich weit weiter gezählt werden, oder es können zwischen zwei ganzen Zahlen (z.B. zwischen 5 und 6) unendlich viele kleine Zahlenschritte angegeben werden, und zwischen zwei beliebigen Zahlenschritten zwischen diesen beiden ganzen Zahlen (z.B. zwischen 5,367 und 5,368), können wiederum unendlich viele Zahlenschritte benannt werden. Es gibt also mathematisch gesehen unendlich viele ineinander verschachtelte Unendlichkeiten. Man kann mathematisch zwar „gegen Unendlich" symbolisieren, aber wirklich ausdrücken kann man die Unendlichkeit in der Mathematik nicht.

25

Und man kann auch die Unendlichkeit nicht wirklich logisch denken, da das logische Denken Grenzen für die Vorstellung braucht.

Gibt es in unserer Wirklichkeit Unendlichkeiten? Vermutlich können wir dies niemals eindeutig nachweisen, denn alles was nachweisbar und dem Denken wirklich vorstellbar ist, hat eben Grenzen. Wir können uns zwar gedanklich überlegen, dass z.B. der Raum sich vielleicht unendlich ausdehnt – aber wirklich gedanklich vorstellen können wir es uns nicht. Wir können genauso überlegen, dass die Zeit unendlich weiter läuft, aber wirklich gedanklich fassen können wir diese Vorstellung nicht. Dies sind Vorstellungen, die nur durch die Abwesenheit einer Begrenzung gedacht werden, d.h. sie sind „Negativ-Vorstellungen", also keine wirklichen im Geist abbildende Vorstellungen. In der Astrophysik gibt es das Bild, dass die Raumzeit zu einem Kreis gekrümmt ist, und daher zugleich endlich und unendlich ist (ein Kreis hat keinen Anfang und kein Ende). Doch hakt diese Vorstellung daran, dass die Frage offen bleibt, ob es hinter der raumzeitlichen Kreislinie, also außerhalb des Kreises noch etwas gibt oder nicht. Wir können Unendlichkeiten einfach nicht logisch-verstandesmäßig fassen oder erfassen – schon das Wort „erfassen" zeigt die Problematik: man kann nur ganz erfassen, was nicht in einer Richtung sich ins Unendliche ausdehnt. Unsere Hand kann nur um-fassen, was kleiner ist als die Hand. So kann unser Geist auf logisch-verstandesmäßiger Ebene nur rundherum Begrenztes wirklich erfassen und auch mathematisch darstellen.

Falls Raum und Zeit in irgend einer Weise unendlich sind, oder auch schon, wenn es in unserer Welt unendlich Kleines geben sollte (räumlich oder auch zeitlich), so wären auch die Möglichkeiten, in welcher Weise etwas entsteht oder besteht unendlich. Ist keine dieser Voraussetzungen (Unendlichkeit in Raum oder Zeit oder in Kleinheit) gegeben, wären die Möglichkeiten, wie etwas erscheinen kann, vermutlich endlich. Es gäbe dann nur endliche Versionen unserer Welt. Aber diese Anzahl der Versionen wäre so unglaublich groß, dass sie für uns kaum einen Unterschied zu einer unendlichen Möglichkeitenfülle bilden würde: die unterschiedlichsten Möglichkeiten der Ausgestaltung unserer Welt (im großen Rahmen bis hin zum Kleinsten) wären theoretisch so vielfältig, dass sie unvorstellbar und unberechenbar sind.

Doch die verwirklichten Möglichkeiten werden durch die Naturgesetze stark beschränkt. Nicht alles, was vorstellbar ist, ist auch naturgesetzlich möglich. Es stellt sich die Frage: können wir (nur theoretisch – praktisch undurchführbar) alle naturgesetzlich möglichen Ausgestaltungen unserer Welt (wenn sie endlich und nicht unendlich ist) berechnen? Dies würde bedeuten, dass das ganze Universum durch die Naturgesetze nur eine einzige, rechnerisch auch vorhersagbare Entwicklung durchlaufen kann. Die physikalischen Theorien, dass alles in Quanten auftritt (auch Energie, Raum und Zeit) würden diese Anschauung zumindest begünstigen. In einer nicht unendlichen Raumzeit wären ja alle Quanten zählbar und somit deren Möglichkeiten ebenfalls, denn die Möglichkeiten des Verhaltens würde durch die Naturgesetze bestimmt, und damit in einer nicht unendlichen Welt daher zumindest theoretisch vorhersagbar.

Mir stellt sich aber die Frage, wie weit die Wahrnehmung, dass unsere Welt in Quanten aufgeteilt ist, nicht daraus entstanden ist, dass wir Nicht-Quantifizierbares wissenschaftlich und experimentell nicht erfassen können. Wir untersuchen inzwischen längst Vorgänge, die nicht mehr alleine mit unseren Sinnen nachweisbar sind, wir brauchen Apparate. Das heißt aber, dass Messungen feste Größen, feste Wirkgrößen, brauchen, die im Messapparat eine Reaktion auslösen. Was zu klein ist, um etwas auszulösen, erscheint nicht messbar. Aber könnte man es nicht bündeln, bis das Bündel groß genug ist, um gemessen zu werden? Nun, hier entsteht schon eine doppelte Indirektheit: ich kann das Untersuchungsobjekt nicht mit meinen Sinnen erkennen, und der Messapparat kann ein einzelnes Objekt auch nicht messen, nur ein Bündel.
Die Vorstellung von festen Quanten für die Berechenbarkeit mag sinnvoll sein – ob sie der Wirklichkeit entspricht, bleibt offen.

Der (theoretischen) vollkommenen Berechenbarkeit der Welt steht auch die Chaostheorie entgegen. Es gibt Rechenvorgänge, bei denen Zahlen bei denen Zahlen eine Rolle spielen, von denen man vermutet, dass sie unendlich viele Stellen hinter dem Komma aufweisen, so die Zahl π, mit der man den Kreisumfang (näherungsweise) berechnet. (Wenn alles genau berechenbar wäre, gäbe es

dann gar keinen wirklich exakten Kreis?). Wenn in einer Rechen-
operation nun eine Zahl mit unendlich vielen Stellen hinter dem
Komma enthalten ist, und diese Zahl aus irgend einem Grunde
stark multipliziert oder potenziert würde, dann würden sich auch
kleinste Stellen hinter dem Komma auswirken. Damit würde das
Ergebnis der Rechnung nicht mehr eindeutig ausrechenbar, da man
die Rechnung mit unendlich vielen Stellen hinter dem Komma berechnen müsste, was unendlich lange dauern würde (also unmöglich ist).
In der Natur sind chaotische Prozesse ständig vorhanden.

Aber nicht nur die Unendlichkeit ist „unfassbar", eigentlich ist es
auch die Begrenzung. Sie ist zwar mathematisch ausdrückbar, aber
wieso existiert sie überhaupt?
Eine materielle Begrenzung (es gibt ja auch energetische oder
geistige Begrenzungen, und allgemein Begrenzungen der Möglichkeiten aus verschiedensten Gründen) scheint immer mit Energie zu
tun zu haben: etwas grenzt sich ab, indem es innerlich eine energetisch feste Verbindung aufweist, die anderes, das von außen eindringen könnte, abwehrt. Dazu ist Energie nötig. Begrenzung be-
nötigt also Energie. Energie bedeutet die Fähigkeit und Möglichkeit der Verwandlung und Veränderung oder auch der Beharrung
durch die Zeit hindurch. Eine Grenze bedeutet die Möglichkeit und
die Fähigkeit, die Veränderung, die durch Eindringen entsteht, ab-
zuwehren, eine Grenze beharrt auf einem bleibenden Zustand,
auch wenn die Zeit vergeht und fließt.
Energie zeigt ihre Fähigkeit, Möglichkeiten zu verhindern (oder zu
verwirklichen) im Verlauf der Zeit. Ohne den Fluss der Zeit, könnte Energie nicht wirksam werden. Energie wird nur in der Veränderung sichtbar. Daher braucht in unserer wirklichen Welt wahr-
nehmbare Abgrenzung in der Wirklichkeit einen Zeit-Raum. Ohne
Zeit-Raum ist keine Abgrenzung feststellbar, dann ist einfach erstarrt alles so wie es ist, es ist nicht erkennbar, was mit etwas ande-
rem verbunden ist oder was sich abgrenzt.
Einheiten, Objekte, Quanten – alles, was als eigenständige Erscheinung der Wirklichkeit benennbar ist, muss in einem Zeit-
Raum existieren.
Auch wenn wir etwas sehen oder hören und somit Begrenzungen
erkennen, geschieht dies in einem Zeit-Raum, in dem Energie
(Lichtstrahlen für ein Abbild oder Schallwellen) unsere Augen

28

oder unser Gehör erreichen. Oder einen Druck spüren wir, indem ein Gegenstand beständig (über einen Zeit-Raum hin) sich gegen unser Eindringen „energetisch wehrt" oder unser Körper beständig nicht nachgibt.

Nur in virtuellen Welten (wie der Mathematik) und in Fantasie-Welten kann Abgrenzung zeitlos als bestehend definiert werden. Daher kann jede Situation mit abgegrenzten, für uns erkennbaren Elementen zeitlos und auch wenn gewünscht auch bewegungslos dargestellt werden (ohne dass dafür Energie eingesetzt werden müsste) und in unserer Wirklichkeit Unmögliches kann frei simuliert werden. So kann ein Stein dargestellt werden, der auf einem Menschen liegt – und doch braucht der dargestellte Mensch keine Energie, um sich von dem schweren Stein abzugrenzen, um nicht von ihm zermalmt zu werden. Aber Mathematik kann auch die Kraft ausrechnen, mit dem der Stein auf den Menschen drücken müsste, wenn die Szene in der Wirklichkeit entstünde. Aber diese Berechnung ist zeitlos, sie gilt immer und gleichgültig, ob diese Szene in der Wirklichkeit geschieht oder nicht. Es ist nur die Energie zum Berechnen nötig – entweder im menschlichen Gehirn oder im Computer. Diese Energie ist aber nicht unmittelbar mit der Szene ursächlich verbunden.

Möglicherweise können sich dadurch, dass keine Energie- und damit kein in der Wirklichkeit verankerter Zeit-Raum mit Berechnungen verbunden ist, unbemerkte Fehler in Berechnungen einschleichen. Was einerseits eine Freiheit bedeutet (alles mögliche virtuell erschaffen zu können) ist andererseits eine Fehlergefahr – z.B. beim Erleben von virtuellen Welten oder bei Fake-News, deren Bilder nichts mehr mit der tatsächlichen Wirklichkeit zu tun haben, oder bei sehr lebhaft erlebten virtuellen Spielwelten, die das Unbewusste wirklicher erlebt, als sie sind, oder bei Geld-Werten, die nur in den Köpfen der Menschen bestehen, aber nicht in der Wirklichkeit außerhalb der menschlichen Vorstellung verankert sind, oder auch bei wissenschaftlichen Berechnungen und darauf fußenden Theorien.

Zahlen erscheinen so quasi zeitlos. Aber Zahlen grenzen sich ab, einmal gegenüber dem Nichts (der Null) und gegenüber allen anderen Zahlen. Eine Zahl sagt aus, wie viele Einheiten (z.B. Meter) ihrer eigenen Einheit zwischen dem Nichts (Null) und ihr selber liegen. Und so braucht auch die Darstellung einer Zahl in unserer wirklichen Welt Zeit, denn auch in unserer wirklichen Welt muss eine Zahl irgendwie abgegrenzt, d.h. dargestellt werden: Zeit, bis das Gehirn sie denkt, Zeit bis die Hand sie aufschreibt, oder Zeit bis der Computer sie bildet, indem er abwechselnd Strom fließen und nicht fließen lässt. Und einmal dargestellt, muss eine Zahl für Berechnungen über einen Zeit-Raum festgehalten werden, entweder im Gedächtnis, auf Papier oder im Computer auf der Festplatte.

Gleich ob in unserer materiell-energetischen wirklichen Außenwelt oder in dieser Welt mit Gehirn oder bei vom Computer gebildeten virtuellen Welten, es gilt immer: ohne Zeit-Raum gibt es keine aktive Abgrenzung.

Theoretisch wäre der völlig leere und offene Möglichkeiten-Raum völlig frei von Abgrenzungen. Aber indem es allein schon Raum und Zeit gibt, entstehen Abgrenzungen, außer beide wären unendlich und gleichzeitig ungeteilt.

Die Begegnung von Endlichkeit (mit Abgrenzungen und Beschränkungen) und Unendlichkeit (unendliche Möglichkeitenfülle) ist möglicherweise ein bestaunenswertes Phänomen unseres Daseins.
Auch mathematisch hat man sich der Berührung von Endlichkeit und Unendlichkeit angenähert. Die Mandelbrot-Menge und ihre Umgebung (vielfach beschrieben und dargestellt im Internet zu finden) bildet sich dadurch, dass berechnet wird, welche Werte in einer Formel das Ergebnis „Unendlich" werden lassen, und wenn es „Unendlich" wird, wie schnell das Ergebnis „Unendlich" wird. Die Geschwindigkeit, mit der dies geschieht, wird in ein Koordinatensystem eingetragen und farblich gut sichtbar gemacht. Es entstehen dabei erstaunliche Strukturen, die je tiefer man hineingeht (je detaillierter man rechnet) sich ähnlich immer wiederholen, aber doch jedes mal immer wieder etwas anders sind und niemals ganz gleich. Dieses mathematische Bild der Mandelbrotmenge - das so lebendig wirkt – dieses Bild von der Begegnung von Endlichkeit und Unendlichkeit hat mich sehr beeindruckt.

Vielleicht können wir Lebewesen Wirklichkeit nur erfassen, wenn in der Wahrnehmung von Wirklichkeit die Möglichkeit zur Unendlichkeit und das Dasein in Zeit-Räumen erfasst wird. Doch wie könnte das bei uns Lebewesen geschehen, wenn doch das mathematische und das logische Denken Unendlichkeit nicht denken können und Zeit-Räume punktuell einteilen? Hiervon ist unter dem Thema der Hypothese der höheren Wahrnehmungs-Dimensionen die Rede, Dimensionen, in denen wir nicht nur an einem Zeitpunkt etwas erkennen (und punktuell aneinander reihen), sondern überschauend in ganzen Zeit-Räumen wahrnehmen.

6. Berechnungen der Wirklichkeit: immer nur Ausschnitte oder Wahrscheinlichkeiten

Berechnungen von Ereignissen in unserer Wirklichkeit sind immer nur Ausschnitts-Berechnungen oder berechnete Werte aufgrund von festgestellten Wahrscheinlichkeiten.

In unserer Wirklichkeit ist alles miteinander verknüpft, und sei es durch noch so schwache und entfernte Wirkungen. Nie können alle diese Wirkungen in eine Berechnung mit einfließen. Auch alle möglichen seltenen Zufälle bleiben normalerweise unberücksichtigt. Beispiele:
Jemand berechnet, wie lange er mit Bus und Bahn für eine Reise zu einem bestimmten Ort braucht. Dabei interessiert ihn herzlich wenig, ob ein Schmetterling in „down under", also in Australien, flügelschlagend von einer Blüte zur nächsten flattert. Aber die Chaostheorie hat uns gelehrt, dass der Flügelschlag eines Schmetterlings in einem Erdteil - bei entsprechend instabiler Wetterlage - ein Gewitter in einem anderen Erdteil auslösen kann. Wenn nun dieser australische Schmetterling ein heftiges Gewitter bei uns auslöst, dann könnte ein Baum die Bahngleise versperren und die Reise dauert viel länger als vorher berechnet. Oder ein extrem starker Sonnenwind oder gar der Ausbruch eines relativ nahen Jets im Weltall könnte die Funkverbindungen und digitalen Geräte stören und so zu Unregelmäßigkeiten führen.
Bei allen Berechnungen dürfte es mehr oder weniger oder sehr un-

wahrscheinliche unberechnete Außen-Einwirkungen geben, die die Berechnung zunichte machen. Nie werden wir unsere Wirklichkeit 100% sicher berechnen können. In den meisten Fällen reicht die Berechnung allerdings für eine zuverlässige Einschätzung. Doch sollte nicht vergessen werden, dass es eben nur relativ sichere Ergebnisse sind, die Berechnungen liefern, und dass sie stets von der Wirklichkeit überholt werden können.
Heute erscheint es mir, als würden wir dazu übergehen, Berechnungen ziemlich blind zu vertrauen, und unseren eigenen Gestaltungsfähigkeiten und unserer Kreativität und Intuition eher zu misstrauen. Wenn etwas so oder so berechnet wurde, erscheint es oft alternativlos, auch wenn es tatsächlich Alternativen gäbe. Aber Berechnungen sind nicht die Wirklichkeit, und sie beziehen niemals die vollständige Wirklichkeit in ihre Formeln mit ein.

Vieles erscheint auch bei ausschnitthafter Begrenzung nicht exakt berechenbar. Hier geht man nun oft dazu über, Wahrscheinlichkeiten zu berechnen. Die Ergebnisse treffen dann auch oft ein – eben der Wahrscheinlichkeit entsprechend oft. Aber manchmal können diese Berechnungen auch völlig falsch liegen, eben auch wiederum dann, wenn ein nicht erwartetes und mit einbezogenes äußeres Ereignis in der Wirklichkeit die wichtigen Parameter verändert. Aber nicht nur diese unerwarteten Einflüsse können das Ergebnis einer Wahrscheinlichkeitsrechnung zunichte machen. Es kann auch sein, dass der Rahmen für die Wahrscheinlichkeit zu eng gesetzt ist, und daher das Ergebnis eine Weile stimmt, aber es dann zu erheblichen Abweichungen kommt. Ein Beispiel:
Würde man Wahlprognosen für Deutschland machen, indem man in Bayern eine Wahlumfrage vornimmt und dann das Ergebnis auf Deutschland überträgt, so wäre das Ergebnis höchstwahrscheinlich falsch, da Bayern meist etwas anders wählt als ganz Deutschland. Nun, das wäre vorherzusehen. Doch nicht immer ist bekannt, wie viele und welche Elemente einer Wahrscheinlichkeitsberechnung mit einbezogen werden müssen, damit das Ergebnis tatsächlich repräsentativ ist.
Wahrscheinlichkeitsprognosen durch KI (Künstliche Intelligenz) werden auch durch Lernen der KI getroffen. So kann angeblich KI inzwischen anhand von Handschriften feststellen, ob ein Mensch depressiv oder schizophren ist. Oder ein Shop- Algorithmus kann an wenigen Käufen von mir feststellen, welche Waren mich auch

zum Kauf reizen könnten.

Aber all dies sind keine hundertprozentig zuverlässigen Rechnungen, es sind rechnerische Schlüsse, die auf Grund von Beobachtungen einer für repräsentativ gehaltenen Gruppe gemacht werden. Sie werden meist stimmen, aber sie bilden nicht automatisch die Wirklichkeit ab. Auch sind die Ursachen, die zu einem bestimmten Ergebnis führen, unbekannt. Es sind einfache Beobachtungen der Häufigkeit. Natürlich kann ein Rechner bekannte Rechnungen und Wahrscheinlichkeiten kombinieren, z.B. wenn bekannt ist, wie lange eine Autofahrt von A nach B ohne Störung bei festgelegter Geschwindigkeit normalerweise dauert, und außerdem durch Wahrscheinlichkeitsrechnung aufgrund von anderen Beobachtungen bekannt ist, dass der Fahrer eines bestimmten Alters normalerweise eine bestimmte Geschwindigkeit fährt, dann kann man abschätzen, wie lange ein Fahrer eines bestimmten Alters von A nach B voraussichtlich brauchen wird. Aber es kann eben auch anders kommen.

Übrigens können auch ganz einfache Rechnungen überraschenderweise sich als falsch erweisen: eine Bäuerin hat 2 Hühner und kauft am Markt noch 3 dazu. Am Morgen nimmt sie Futter für 5 Hühner mit zum Hühnerhof – aber es sind nur noch 4 Hühner da: der Fuchs hat in der Nacht ein Huhn stibitzt. Die Wirklichkeit stimmt mit der Rechnung nicht mehr überein.

Es gibt keine hundertprozentig zuverlässige Berechnung, wenn wir es mit der Wirklichkeit zu tun haben. Im abstrakt-mathematischen Bereich sind korrekte Berechnungen voll zuverlässig – aber nicht in der Begegnung mit der Wirklichkeit. Eine Rechnung (2+3 Hühner = 5 Hühner) gilt zeitlos, die Wirklichkeit nicht. In einer Rechnung können sogar manche Parameter vertauscht werden (z.B. hier 2+3 = 3+2), aber in der Wirklichkeit hätte die Bäuerin auch ohne Fuchs am nächsten Tag (und auch davor) nur 4 Hühner, wenn der Händler ihr nur 2 statt 3 verkauft.

Dieser Unterschied zwischen Rechenvorgang und Wirklichkeit erscheint banal und selbstverständlich – und doch ist er fundamental.

In unserer Wirklichkeit ist nichts zeitlos, alles wandelt sich früher oder später (und damit auch die Beziehungen der Dinge, der Erscheinungen und Verhältnisse untereinander), das ist eine Eigenschaft, die mit der Wirklichkeit verbunden ist. Vielleicht (aber nur vielleicht) sind die Naturgesetze in unserer Wirklichkeit zeitlos und unveränderlich.

7. Zahlen als 1-dimensionale Werte

Eine Zahl bezeichnet, wenn sie dargestellt wird, einen Punkt auf einer Ausdehnung, im einfachsten Sinne auf einer Linie, welche die Größen versinnbildlicht.
Ein Punkt hat keine Dimension, hat also keine Ausdehnung.
Die Zahl „Null" ist nur ein Punkt, ein „Nichts" ohne Ausdehnung.
Aber jede andere Zahl hat eine Größenausdehnung, ist somit 1-dimensional. Sie bezeichnet den Größenabstand zwischen der 0 und dem Ende der Größe, also zwei Begrenzungen (Anfang und Ende) auf einer linearen Größenanordnung. Ein reine Zahl, die auf einer Linie als Größe angegeben wird, kann auf der Linie nur in eine Richtung wachsen (durch Addition oder Multiplikation, die eine mehrfache Addition ist), und in die entgegengesetzte Richtung schrumpfen (durch Subtraktion oder Division, die eine spezielle Form der Subtraktion ist). Es gibt bei reinen Zahlen keine Ausdehnung in eine andere Richtung als auf der Linie, immer kommt in gerader Richtung etwas hinzu oder wird weg genommen. Es gibt also praktisch gesprochen für die Darstellung der Zahlengröße: Länge, aber keine Höhe oder Breite – diese werden erst in einem Koordinatensystem für Zahlen eingesetzt, die mit unterschiedlichen Einheiten verbunden sind – dabei bleiben die einzelnen Einheiten-Bestandteile der Zahl (die jeweils den Ort auf der X und auf der Y-Achse bezeichnen und kombiniert als einzelner Punkt eingetragen werden) immer 1-dimensional, so wird eindimensional z.B. der eine Wert der (1-dimensionalen) X-Achse, der andere Wert mit seiner Größe auf der (1-dimensionalen) Y-Achse (senkrecht zur X-Achse) zugeordnet.
Da die einzelne Größenanordnung 1-dimensional linear ist, kann die daraus entstandene Zahl mit jeder beliebigen Einheit verbunden werden: Äpfeln oder Kilometern oder Tagen oder Gramm oder Likes oder Wahrscheinlichkeit oder Winkel, usw.
Der Größenwert selbst, also die reine Zahl bleibt dabei unberührt

und 1-dimensional. Daher haben alle Zahlen diese einheitliche 1-dimensionale Größenordnung – und das bewirkt, dass wir Zahlen mit den verschiedensten Einheiten verbinden können und miteinander verrechnen können, so z.B. die Geschwindigkeit als Stundenkilometer – dabei gehen die 1-dimensionalen Größen von Raum (Kilometer) und Zeit (Stunden) in eine aus diesen Einheiten durch Division entstandene Zahl ein, die wiederum eine 1-dimensionale Größe bildet. Nur dadurch, dass hinter die 1-dimensionale Zahl die eingegangenen Einheiten geschrieben werden (km/h), zeigt, dass diese 1-dimensionale Zahl aus zwei Bereichen (Raum und Zeit) hervorgegangen ist. Die Zahl als solche ist und bleibt aber immer 1-dimensional und zeigt nur den linearen Abstand der Größe von der 0. Heißt die Zahl z.B. 25 km/h, so zeigt sie, zwischen 0 und 25 passt 25 mal die Einheit 1 (hier eben km/h).

Jeder Rechenvorgang, der mit Einheiten vorgenommen wird, und daher mit Größen unterschiedlichster Art rechnen kann, hat dennoch als reine Zahl ein 1-dimensionales Ergebnis.

Die Aussage über die Wirklichkeit, mit der eine Zahlengröße über die Einheiten verknüpft wurde, ist eine Kombination aus 1-dimensionaler Zahl und aus Zuordnung der Einheit (z.B. Geschwindigkeit. Auch ein Winkel kann durch 1-dimensionale Längen in einem Dreieck ausgedrückt werden.).

Das bedeutet, nur was 1-dimensional eindeutig messbar ist, kann in eine Berechnung eingehen (daher müssen Erleben und Gefühle für rechnende Algorithmen in zählbare Einheiten gebracht werden, z.B. ausgedrückt in 1-5 Sternchen oder in „Likes"). Dabei können sehr viele 1-dimensionale Wertegrößen in eine Berechnung eingehen: das einzelne Ergebnis bleibt dabei 1-dimensional.

Es lassen sich allerdings mehrere 1-dimensionale Ergebnisse in ein Koordinatensystem eintragen und dann zu einer Kurve verbinden. Bei einfachen Rechenoperationen kann man dann ablesen, wie sich die einzelnen Größen an den dazwischen liegenden Punkten verändern. Ich muss nicht jeden einzelnen Punkt ausrechnen und eintragen, sondern ich kann ein paar Punkte eintragen und diese verbinden und an anderen Punkten den Größenwert ablesen – aber dieser ist wiederum 1-dimensional.

Bei sich im Koordinatensystem ergebenden geraden Linien oder eindeutigen Kurvenverläufen ist das Abnehmen von Ergebnis-Größen (1-dimensional) zuverlässig. Aber wenn die Kurven unvorhersehbaren Schwankungen unterliegen, ist das Ablesen von Punkten auf der Kurve nicht mehr absolut zuverlässig. Und je mehr Einheiten in die Ergebnisse der Größen-Einträge auf der Kurve mit eingehen, desto eher ist es möglich, dass eine dieser Einheiten „ausbricht" und den Kurvenverlauf an einer Stelle unerwartet verändert.

In der Rechnung muss das nicht auffallen, solange die errechneten Werte nicht für Konstruktionen oder Verhalten in der Wirklichkeit verwendet werden. Werden diese Werte jedoch in der Wirklichkeit eingesetzt, kann es die verschiedensten unerwünschten Folgen haben.

Die Wirklichkeit rechnet nicht falsch – sofern sie überhaupt rechnen sollte. Ihr sind mit den Naturgesetzen eingeschrieben, was möglich ist und was nicht. Und vielleicht entscheidet an (chaotisch?) offenen Stellen ein freier Geist über den Weg, den ein Ereignis nimmt, oder die Entscheidung, die ein Lebewesen trifft. Das ist denkbar, aber nicht nachweisbar.

Die 1-dimensionalen Ergebnisse aus Berechnungen mit 1-dimensionalen Zahlen werden nie die Komplexität aller Ereignisse und ihrer wechselseitigen Beeinflussung darstellen können.

Und 1-dimensionale Zahlen können sich nicht erinnern. Sie wissen nicht, wie sie entstanden sind, nur ihre beigegebenen Einheiten erklären den Entstehungsweg. Die Einheiten selbst sind aber auch keine vollständige Erinnerung, sie brauchen auch umgekehrt die zuvor mit eingegangenen 1-dimensionalen Zahlengrößen, damit nachvollzogen werden kann, wie das Rechenergebnis entstanden ist.

Doch die Wirklichkeit besteht im Hier und Jetzt, ohne dass die vorangegangenen Zahlengrößen, die in unser Dasein eingegangen sind, „aufgeschrieben" wurden. In der Wirklichkeit muss nicht überprüft werden, ob die Naturgesetze immer und überall richtig eingehalten wurden, die Wirklichkeit ist einfach wirklich – so banal das klingt – es ist aber keineswegs banal.

Aber unser Geist kann sich an Wirklichkeits-Ergebnisse (Ereignisse) erinnern, und kann sie in großer Fülle mit anderen Ereignissen vergleichen, kann sie in der Fantasie verändern und sie umgestalten und für die Zukunft neu planen. Geschieht dies alles anhand von 1-dimensionalen Größen-Werten, die unser Geist rasend schnell verrechnet und pixelartig als Vorstellung uns präsentiert – oder gibt es in der Wirklichkeit und in unserem Geist noch andere Ebenen der Wahrnehmung als die der Errechnung von 1-dimensionalen Zahlenwerten?

8. Ein kleiner Exkurs zum Geld

Der Geld-Wert ist auch eine 1-dimensionale Bewertung. Sie besteht aus einer einzigen Größe. Daher ist es heute auch möglich, Geld auf einem Rechner als Bankkonto aufzubewahren. Früher war Geld noch als Münze auch materiell vorhanden, heute existiert Geld vor allem virtuell.

Bei indigenen Völkern mit Tauschhandel war dieser Handel auf wenige Objekte und Leistungen beschränkt und fand nur in einem kleinen Umfeld statt. Heute Tauschhandel zu betreiben wäre undenkbar. Es gibt so viele Waren und Dienstleistungen unterschiedlichster Art und weltweit verstreut, dass es nicht möglich wäre, in jedem einzelnen Fall den Tauschwert auszuhandeln. Denn es müsste immer wieder neu festgestellt werden, welcher Gegenwert dem Käufer und dem Verkäufer gleich viel bedeuten. Ein einfaches Beispiel: der eine Verkäufer liebt Wein und schätzt gute Weinflaschen als angemessenen Gegenwert, der nächste Verkäufer aber trinkt keinen Alkohol, ihm wäre lieber, der Käufer würde etwas in seiner Wohnung reparieren, oder die alleinerziehende Mutter würde sich über Nachhilfe-Unterricht für ihre Kinder freuen. Auch was der Käufer gerne geben würde, wäre von Käufer zu Käufer völlig unterschiedlich.

Daher vereinfacht der 1-dimensionale Größenwert des Geldpreises den Handel unglaublich.

In den Preis (Geld-Wert-Größe) können die unterschiedlichsten Gesichtspunkte mit einfließen: vom Verkäufer her z.B. Material-kosten, Personalkosten, Gewinn-Erwartungen, Nachfrage, Werbung, usw. und beim Käufer (für die Bereitschaft eine bestimmte Preishöhe zu zahlen): Dringlichkeit des Bedarfs, Sparsamkeit, Geld-Reserven, Einkommen, Freude am Erworbenen, usw.

Aber dem Geld-Wert sind die dahinter liegenden Gründe nicht mehr anzusehen. Diese Gründe wurden zu einem 1-dimensionalen Wert „zusammen-gestaucht". Und daher kann jetzt mit den abs-trakten Geldwerten die virtuelle Finanzwelt entstehen, mit all ihren Vor- und Nachteilen (Nachteile wie Finanzspekulation, globaler schädlicher Preis-Konkurrenzdruck, usw.), die unser Dasein immer mehr bestimmen.

Und Gegen-stände (ein treffendes Wort: Dinge, die uns wirklich gegenüber-stehen) und Dienstleistungen bekommen eine 1-dimen-sionale Wertschätzung, kalt und sachlich. Das ist einerseits gut und manchmal auch gerechter, aber es birgt auch die Gefahr, dass un-sere Welt immer mehr Sklave dieser 1-dimensionalen Wertschät-zung wird. Die Bedeutungsvielfalt (und das vielfältige Eingebun-densein in das Dasein) von Gegenständen und Leistungen ver-schwindet hinter 1-dimensionalen Geld-Werten. Werte zu berech-nen kann scheinbar wichtiger werden als die Welt sinnlich und sinngebend wahrzunehmen.

9. Messvorgänge: 3-dimensional (Zeit-Punkt-gebunden wie alle Körper)

Messvorgänge müssen mit 3-dimensionalen Messgeräten durchge-führt werden, die unserer 3-dimensionalen Körperwelt angehören. Sie überblicken keine Zeit-räume, sie können Entwicklungen über Zeit-räume nur punktuell darstellen. Sie können nur Messergebnis-se zu einzelnen Zeit-punkten anzeigen, sie können kein Datenkon-tinuum über Zeit-Räume liefern, damit würden sie ihre eigene 3-Dimensionalität übersteigen.

Da die gelieferten Daten 1-dimensionale Zahlengrößen sind, können sie nur punktuell erfasst werden (auch wenn daraus scheinbare Kurven entstehen, die aber in Wirklichkeit aus einzelnen Ergebnissen entstehen, auch wenn diese sehr dicht beieinander liegen können und eine kontinuierliche Kurve vortäuschen). Eine Zahlengröße ist eine einzige, 1-dimensionale Größenangabe, sie beschreibt keine Zahlenfläche, keinen Zahlenraum. Eine 1-dimensionale Größenangabe hat nur die Möglichkeit, die eigene Größe (einer gewählten und gemessenen Einheit) punktuell, also ausdehnungslos anzugeben, da die einzige Ausdehnung, über die die Zahl der Größenangabe verfügt, die Größe selbst ist. Eine weitere Ausdehnung ist ausgeschlossen, daher muss ein Messergebnis in einem größeren Zusammenhang stets punktuell festgehalten und dann punktuell in eine Grafik eingetragen werden.

Nimmt unser Geist unsere Welt (samt Erinnerungen und Vorstellungen für die Zukunft) blitzschnell rechnend wahr? Berechnet er punktuelle Daten, die ihm unsere Sinnesorgane liefern, erzeugt er aus einem riesigen Datenmeer die Wahrnehmung und auch die Vorstellungen von Abläufen und Ereignissen? Ist er in der Lage, nicht nur eine momentane Jetzt-Situation (in der sich die körperliche Welt befindet) rechnerisch komplex zu erfassen, sondern auch verschiedenste Entwicklungsmöglichkeiten rechnerisch wahrzunehmen und noch dazu zu vergleichen? Oder besitzt der Geist eine Möglichkeit, sich über die räumliche 3-Dimensionalität mit zeitlicher Jetzt-Punkt-Gebundenheit der Körperwelt nicht nur rechnerisch (dicht) punktuell hinwegzusetzen, sondern ist er in der Lage, tatsächlich zeit-räumlich zu erleben?

Da die Wirklichkeit tatsächlich über kontinuierliche Zeit-Räume hinweg besteht (sofern Zeit und Raum nicht aus punktuellen Quanten sich bilden, wie manche Theorien annehmen), so ist es durchaus naheliegend, dass auch unser Geist möglicherweise über eine Fähigkeit verfügt, Zeit-Räume ganzheitlich und nicht nur punktuell zusammengesetzt wahrzunehmen.

10. Erleben und die höhere Dimension: Zeit-Raum für Überblick und Weite

Die Astrophysik rechnet mathematisch teilweise mit viel höheren Dimensionen – aber sie muss dafür die Zahlengrößen auch auf die 1-Dimensionalität herunterbrechen. Hier geht es um höhere Dimensionen nicht in der Mathematik, sondern in der Wirklichkeit und in unserem Geist.

Es gibt Gesetzmäßigkeiten, die bei dem Schritt von einer niedrigeren zu einer höheren Dimension (oder umgekehrt) auftreten. Diese werden eingehend in meinem Buch „Künstliche Intelligenz – Werden Roboter mit KI in Zukunft Gefühle haben? - Band 2 – Vertiefungen, Erweiterungen" dargelegt. Hier nur das Wichtigste in Kürze:

Der Schritt von einer Dimension zur nächst höheren ist nur schwer exakt beschreibbar. Aber als näherungsweises Beispiel mag hier der Unterschied dienen, der zwischen der Sicht in einer Ebene möglich ist, und der Weitsicht, die man von einem Berggipfel aus genießen kann.
In der Ebene kann ich nur so weit blicken, bis etwas meinen Blick verstellt. Kann ich mich nicht in die Höhe erheben (wäre ich z.B. ein Käfer), dann würde schon das Gras um mich herum, oder ein paar Erdklumpen meine weitere Sicht versperren.
Steige ich allerdings auf einen hohen Berg, oder fliege als Adler in die Lüfte, dann kann ich Täler und Berge, Wälder und Wiesen, Dörfer und Straßen, Flüsse und Seen in einem weiten Umkreis erblicken. Ich habe eine Dimension (Höhe) hinzugewonnen und dadurch Weite und Überblick. Ich kann vieles vergleichen, räumliche Zuordnungen auf einen Blick begreifen, Beziehungen erkennen oder einfach die Weite genießen. Aber ich bin dafür von allem etwas entfernter.
Der Adler, der eine Beute fangen möchte, muss daher seine „Höhendimension" aufgeben. Dafür bekommt er aber Nähe und damit die Möglichkeit zu interagieren – hier die Beute zu greifen.
Während eine höhere Dimension Überblick und Weite schafft, kann eine niedrigere Dimension Nähe und Unmittelbarkeit erzeu-

gen.

In den unteren Dimensionen herrscht Exaktheit (1-Dimensionalität: eindeutige Zahlen-Größen), je höher die Dimension wird, desto mehr Exaktheit auf den unteren Dimensionen wird aufgegeben, dafür wird Möglichkeiten-Vielfalt gewonnen.
Die Exaktheit (Begrenzungen genau erkennbar) besteht immer in der Dimension, der ich angehöre (auf dem Berg bin ich nicht mehr Teil des darunter liegenden Tals). Die Exaktheit und klare Erkennbarkeit, mit der Elemente einer Dimension wahrnehmbar sind, tritt immer dann in Erscheinung, wenn sie durch eine niedrigere Dimension eingegrenzt werden:

Im Raum wird eingegrenzt:
<u>Die Linie</u> durch Punkte
<u>Die Fläche</u> durch Linien
<u>Der Raum</u> durch Flächen

Weiter wird begrenzt:
<u>Das Zeit-Raum-Ereignis</u> (ein Ereignis, das Zeit braucht) durch Zeit-punkte
<u>Die Bedeutung</u> (als Dimension denkbar) durch Zeit-Raum-Ereignisse (d.h. den Verlauf von Ereignissen durch die Zeit hindurch)
<u>Der Sinn</u> durch Bedeutung. Der nicht mehr logisch begreifbare und festmachbare weit offene Daseins-Sinn wird in der Bedeutung, die Ereignisse im Erleben für mich bekommen, greifbar.

Wir kennen üblicherweise traditionell 3 Raum-Dimensionen: Linie, Fläche, Raum, die beschrieben werden können durch die Ausdehnungen in Länge, Breite und Höhe.

Ist nicht genauso unsere Zeit mehrdimensional?
Wir leben körperlich an einem einzigen <u>Zeit-Punkt</u>, dem Jetzt-Punkt.
Aber es gibt auch <u>Zeit-Räume</u>, Ereignisse brauchen Zeit-Raum. Unsere Vorstellung arbeitet mit Zeit-Räumen.
Und es gibt das Erkennen von <u>Bedeutung</u>, das geschieht, wenn ich mehr Zusammenhänge und Ereignisse zusammen sehe und auch vergleiche. Hier werden möglicherweise zeitlich parallel laufende Ereignisse gedanklich verbunden. Wäre das nicht eine weitere Di-

mension?

Und unser Geist empfindet <u>Sinn</u>, auch einen letztendlichen, nicht mehr logisch-verstandesmäßig begründbaren Sinn, ein Bejahen des Daseins. Diese übergeordnete Sinn-Wahrnehmung (der sich alle untergeordneten Empfindungen von Sinnhaftigkeit zuordnen, - wenn auch oft mit Irrtümern dazwischen) wird bei der Bedeutung der Ereignisse spürbar, Sinn wird in bedeutungsvollen Ereignissen konkret: die eine Bedeutung wird durch mein Sinnempfinden (z.B. glückliche Geburt eines Kindes) bejaht, die andere lehnt mein Sinnempfinden ab, weil ich spüre, hier entspricht etwas in seiner Bedeutung nicht mehr dem tieferen Sinn (z.B. ein zerstörerischer Krieg – aber natürlich gibt es auch viele kleine, alltägliche Ereignisse, deren Bedeutung das Sinnempfinden berühren).

Errechnete Daten gelten für einen Zeit-Punkt. Aber viele Zeitpunkte miteinander verbunden können näherungsweise die Ereignisse eines Zeit-Raums beschreiben (z.B. die Bahn eines Raumschiffs zum Mars). Und durch Programmierung, dass etwas so oder so sich entwickeln soll, kann auch rechnerisch Bedeutung zugeordnet werden (z.B. kommt dem programmierten Ziel schnell, langsam, sofort oder gar nicht nahe). So können Flugbahnen zum Mars durch Computer eigenständig korrigiert werden, wenn das Ziel durch mathematische Daten einprogrammiert und somit dem Computer-System bekannt ist. Dadurch können wir inzwischen mit der Technik Ziele erreichen, die sonst außerhalb unserer Möglichkeiten lägen.

Aber wie ist es mit dem Sinn, der grundsätzlichen Bejahung des Daseins und der Liebe zu sich und anderen? Es gibt keinen mathematisch errechenbaren letzten Sinn (allerdings anerzogene „einprogrammierte" Sinn-Vorstellungen). Der letzte Sinn muss aus der Lebensfreude kommen, aus der Liebe zu anderen Menschen und zur Schöpfung. Natürlich kann man einem Computer einprogrammieren, dass Leben und Schöpfung zu erhalten sind, aber das ist ein sachliches, quasi 1-dimensionales Ziel, kein Sinn, der der Rechenmaschine Freude (oder Leid) schenken kann. Der Daseins-Sinn ist die oberste für uns erkennbare Motivation, die alles, was darunter liegt, letzten Endes auf den Sinn ausrichtet, es im Lichte des Sinnhaften erscheinen lässt, ob bewusst oder unbewusst. Aber der Daseins-Sinn ist nicht mehr einfach mit Fakten be-

schreibbar, er ist nur noch er-lebbar, mit dem Empfinden und vielleicht mit Spiritualität. (Ich habe zum Thema „Sinn" auch ein kleines Buch geschrieben, falls es jemanden interessiert.)
Letzter, oberster Sinn (nach dem sich alles andere Sinn-Empfinden ausrichtet, wenn auch oft mit vielen falschen Ansichten vernebelt), kann nicht aus Beobachtungen geschlossen und konstruiert werden, er muss er-lebt, von innen gefühlt und gespürt werden. Er ist vielleicht ein Geschenk an alles Lebende, nicht von uns selbst erschaffen, sondern ein Geschenk, das wir annehmen oder ablehnen können.

Berechnungen höhere Dimensionen in komplexen Zusammenhängen werden immer komplizierter, je mehr Faktoren berücksichtigt werden müssen, und je mehr Dimensionen „eingefangen" werden müssen.

Wir Menschen (und auch in so mancher Hinsicht andere Lebewesen) erleben und beurteilen, vergleichen, erinnern und schaffen fantasievoll neu sehr sehr viele Ereignisse in schneller Folge hintereinander. Errechnen wir diese tatsächlich in unserem Gehirn? Oder haben wir auch anderen Zugang zum Er-lebten?

Wenn wir andere Zugänge haben zu dem, was wir erleben, erinnern und uns ausmalen, dann heißt das keineswegs, dass es ausgeschlossen ist, dass unser Gehirn unbemerkt von unserem Bewusstsein, Berechnungen in riesiger Menge und Geschwindigkeit anstellt. Wir wissen noch nicht, ob dies geschieht. Dass der Mensch die Mathematik gefunden oder erfunden (darüber wird gestritten) hat, könnte ein Hinweis darauf sein, dass unser Gehirn schon lange mathematische Operationen beherrscht. Ein Beweis ist es allerdings nicht.

Mir erscheint es allerdings unglaubwürdig, dass all unser Erleben auf Berechnungen beruht. Viel wahrscheinlicher kommt es mir vor, dass unser Geist sich sowohl der Berechnungen bedient, als auch mit Wahrnehmungen auf höherer Dimension funktioniert.

Unser Körper ist zusammen mit der Umwelt, die wir Menschen gemeinsam erleben, an den Jetzt-Zeitpunkt gebunden. Aber ist es unser Geist auch? Ist es nicht denkbar, dass unser Geist unmittelbaren, unberechneten Zugang zu Zeit-Räumen hat? Blicken wir nicht ständig in Zeit-Räume? Wir stellen uns doch nicht einzelne abgehackte, berechnete Zeit-Punkte vor, sondern wir stellen uns Ereignisse als Ganzes vor: wenn wir uns erinnern, wenn wir die Zukunft planen, oder wenn wir Möglichkeiten, wie etwas verlaufen könnte, vergleichen. Und wir nehmen das „Jetzt" zusammenhängend mit dem, was geschehen ist, und dem, was wir erwarten wahr. Ist das nicht viel besser zu verstehen, wenn wir uns einen Geist vorstellen, der Zeit-Räume - ohne zu Berechnen – als Ganzes er-leben und sich vorstellen kann?

Wie gesagt, diese These ist nicht beweisbar. Sie liegt außerhalb jeder Möglichkeit die dazu nötigen Bedingungen und Ergebnisse zu messen, da ja jeder Messapparat als Körper an den Jetzt-Zeitpunkt gebunden ist. Nichts Körperliches hat Zugang zu einem Erleben, das Zeit-Räume umfassen könnte. Denn Körperlichkeit bedeutet nur Existenz im Zeit-Punkt. Der ganzheitliche, umfassende weite Blick auf einen Zeit-Raum kann von körperlichen, materiellen Instrumenten nicht geleistet werden (nur punktuell kann eine Entwicklung in einem Zeit-Raum untersucht werden).

Wozu aber soll eine grundsätzlich unbeweisbare Hypothese gut sein? In unserem Leben spielt manches, was nicht bewiesen werden kann oder konnte, eine Rolle (z.B. der Sauerstoff der Luft war schon lebenserhaltend, bevor wir Menschen überhaupt wussten, dass es Sauerstoff gibt). So können auch grundsätzlich nicht beweisbare Wirkungen und Zusammenhänge trotzdem entscheidend für unser Leben sein. **Die Hypothese vom höher-dimensionalen Zugang zu Zeit-Räumen (und vielleicht auch zum Sinnhaften) durch unseren Geist kann in der Wahrnehmung Offenheit erzeugen und Dingen Raum gewähren, die eben nicht wissenschaftlich beweisbar sind, aber möglicherweise doch ein ganz realer und ernst zu nehmender Teil unserer Wirklichkeit sind.** Es kann helfen, dass unser Herz nicht mit kalten Daten verschüttet und erstickt wird. Es gibt vieles, was Daten nicht zeigen können, was wir aber mit dem Herzen wahrnehmen. Der Fuchs in dem Buch des Piloten (er hat die Welt oft von oben gesehen) Antoine de Saint-Exupéry „Der kleine Prinz" sagt: „Man sieht nur mit dem Herzen gut".

44

Wenn wir unser Erleben beobachten, können wir bemerken, dass wir nicht zeit-Punkt-haft erleben. Wenn ich sehr müde bin und einen Stuhl erblicke, so fühle ich meine Müdigkeit, aber gleichzeitig kann ich auch wahrnehmen, wie es sich anfühlen würde, sich hinzusetzen und nach und nach zu entspannen und sich zu erholen. Ich denke nicht an einzelne Momente des Sitzens und den momentanen Zustand, sondern ich schaue auf die Erholung über einen Zeit-Raum hinweg, stelle mir vor, wie ich das Sitzen über einen Zeit-Raum er-lebe und fühle.

Auch das ist kein Beweis für das zeit-Raum-hafte Erleben unseres Geistes. Es ist aber auch nicht das Gegenteil bewiesen. Und was würde dagegen sprechen, dass unser Geist sich in eine höhere Dimension ausdehnen kann als unser Körper?

Kurz möchte ich noch den Möglichkeiten-Raum erwähnen (darüber habe ich in anderen Büchern ausführlich geschrieben). Leer-Räume haben nahezu unendlich viele Möglichkeiten gefüllt zu werden (so eine leere Wohnung, oder ein leerer Zeit-Raum, wie z.B. Urlaub). Die Menge an Möglichkeiten lässt sich vermutlich nicht berechnen. Aber meiner Meinung nach können wir die offenen Möglichkeiten von Weite spüren: wir atmen auf (oder sind erschrocken und verängstigt), wenn sich uns ein offener Raum auftut. Wir können nicht exakt benennen, was wir fühlen, aber wir ahnen die Weite der Möglichkeiten, die sich eröffnet.
Und so genießen viele Menschen den Anblick und das Gefühl von Weite, z.B. auf einem Berggipfel, am Meer, den Sternenhimmel, oder zeitlich: eine Pause, Urlaub, Rente, usw., oder Poesie und Dichtung, die eine weite Interpretations-Möglichkeit schenken, auch Musik, deren Erleben nicht vorgeschrieben ist, sondern ganz persönlich aus meinem Inneren kommen kann. Echte Weite ist nicht berechenbar, aber wohltuend für den Geist.

11. Gefühle und KI

Immer öfter wird das Thema angesprochen ob KI und damit Roboter Gefühle entwickeln können. Ganz bestimmt können sie (schon heute) Gefühle simulieren (z.B. ein Lächeln, Weinen, usw.), und sie können auch Gefühle durch äußere Anzeichen bei Menschen einordnen, z.B. Lachen als Fröhlichkeit, Weinen als Traurigkeit usw.. Aber wir Menschen, wir sind empathisch, das heißt, wir können die Gefühle anderer in uns selbst mit fühlen.

Gefühle sind aber sehr stark mit dem Erleben von Zeit-Räumen verknüpft, ein Gefühl entsteht aus ganz vielen Vorbedingungen und auch aus der Zukunfts-Vorstellung. Und meist unbewusst fließt auch das letztendliche Sinn-Empfinden (das über viele Stufen und Verschlingungen – darunter auch Irrtümern - mit dem ursprünglichen Daseins-Sinn verbunden ist) mit ein. Ein Gefühl ist nicht einfach aus einem einzigen oder aus wenigen Gründen plötzlich an einem Zeit-Punkt da. Es ist vielmehr mit ganz vielen Erfahrungen und Bedingungen verwoben – und es dehnt sich in die Zeit hinein aus. Sogar das Wort „Gefühl" wird im Deutschen ganz lang gedehnt ausgesprochen.

Möglicherweise gibt es in jedem Elementarteilchen oder in jedem Energiequantum kleinste Ur-Elemente der Gefühle. Aber auch dann ist es sehr unwahrscheinlich, dass 1-dimensionale Rechenverknüpfungen zu höheren Gefühlen und tief reichendem Erleben führen – um diese zu erreichen, dürfte es vermutlich Verbindungen auf höher dimensionierten Ebenen benötigen.
Vielleicht hat unser Geist und unser Erleben eine Verbindung (z.B. über das Sinn-Empfinden, über die Liebe, die Daseins-Bejahung) zu göttlicher Weite und liebender Weisheit oder zur mitfühlenden Erleuchtung - auch wenn diese Verbindung durch Begrenzungen in unserer Wahrnehmungsfähigkeit meist unvollständig sein mag.

Wenn aber Gefühle nicht auf Grund von Berechnungen (oder nicht nur auf Grund von Berechnungen) in uns entstehen, sondern mit einer höheren Dimension als der rein körperlichen zeitpunkthaften Dimension verbunden sind, dann dürfte es unmöglich sein, mit KI echte Gefühle in Rechenmaschinen zu erzeugen. Es bleibt einzig die Simulation und die äußerliche Einordnung in Kategorien von Gefühlen.

KI allerdings, die immer und immer mehr gefühllos Wissen über uns Menschen und unsere Welt sammelt – das muss ich zugeben – ist mir unheimlich. Einmal verwechseln viele Menschen simulierte

Roboter-Gefühle mit echten Gefühlen, und dann kann eine gefühllose Maschinerie eiskalt Ziele verwirklichen, die ihr einprogrammiert wurden, oder die sie als Unterziele für ein einprogrammiertes Oberziel zu verwirklichen für nötig hält. Ich bezweifle, dass „lieblose" Rechenmaschinen für uns eine bessere Welt entwerfen würden.

12. Naturgesetze und Wunder?
Spirituelles Erleben

Wer oder was bewirkt, dass alles, was ist, den Naturgesetzen folgt? Und wie geschieht dies? Wie befolgt die Natur die Naturgesetze? Sind die Naturgesetze in den Erscheinungen festgelegt (d.h. sind die Erscheinungen selbst die Naturgesetze), oder zwingt sie etwas, diesen Gesetzen zu folgen? Energie ist es, die die Welt formt und bewegt – aber ist Energie selbst Naturgesetz, oder folgt sie ihm?
Energie hat jedenfalls mit Zeit-Räumen zu tun. An einem einzigen Zeit-Punkt könnte man keine Energie feststellen (es wäre wie ein eingefrorenes Bild).
Und obwohl unser Körper und unsere Umwelt an den Jetzt-Punkt gebunden sind, durchfließt uns die Zeit und mit ihr die Veränderungen durch Energie.
Wäre aber die Welt auf einen einzigen Jetzt-Zeitpunkt festgefroren, würden wir (von außen, denn innerlich wäre sowieso kein Erkennen denkbar) keine Energie wahrnehmen können.
So sind auch die Naturgesetze (an sich, nicht ihre Wirkungen) unserem logisch-analytischen und mathematischen Verständnis entzogen. Ihre Wirkungen allerdings können wir selbstverständlich untersuchen.

Gibt es echte Brüche in den Naturgesetzen? Früher hätte man dies Wunder genannt. Da wir nicht wirklich wissen, was Naturgesetze sind, und wir nur ihre Auswirkungen kennen, können wir nichts wirklich darüber sagen, ob sie sich auch verändern können (ohne den Einfluss anderer Naturgesetz-Wirkungen), ob sie ihre Wirkung einfach auch einmal unterlassen können, oder verschieben können. Bisher haben wir solches nicht feststellen können (nur im Zusammenhang mit wechselwirkenden Naturgesetzen). Doch ausschließen lässt es sich auch nicht. Denn wir wissen nicht, woher die Naturgesetze kommen, ob sie gar nicht anders möglich sind, oder ob sie doch auch anders aussehen könnten. Und wir wissen nicht - wissenschaftlich gesehen - ob die Naturgesetze schon immer waren, oder ob sie gewachsen sind, oder ob sie von einem Schöpfergott eingesetzt wurden.

Daher können wir auch nicht beurteilen, ob es Wunder gibt. Bisher ist bei allen Ereignissen, die ein Bruch der Naturgesetze zu sein schienen, strittig, ob das zu auch wirklich zutrifft. Da Wunder normalerweise nicht automatisch wiederholbar auftreten, gibt es auch keine Versuchsanordnung, die Wunder nachweisen könnte. So haben es diejenigen, die Wunder für unmöglich halten, meistens ziemlich leicht, angeblich beobachtete Wunder in Zweifel zu ziehen (als Täuschung, Trick, Illusion, unbekannte Faktoren im Spiel, Suggestion, oder gar als Lüge, usw.).

Wie dem auch sei, ob es Wunder gibt oder nicht – was tatsächlich vielfach erfahren wird, sind spirituelle Erlebnisse, die nicht mit Analysen und Berechnungen beschreibbar sind. Dabei werden verschiedene Methoden angewandt, den Geist davon abzuhalten, zu analysieren, zu berechnen, logisch zu untersuchen.
Im Buddhismus konzentriert man sich möglichst ohne zu Denken auf den Atem und auf den Augenblick im Hier und Jetzt (was offenbar im Geist das Nachdenken zur Ruhe und Pause kommen lässt und ihn dabei paradoxerweise über den Jetzt-Punkt hinaus weitet und für geistiges Licht öffnet).
In Trance wird der Geist so offen, dass er keine komplizierten Analysen mehr durchführt, sich aber dafür für alle möglichen Einflüsse weit öffnet – gleich ob diese Einflüsse der Logik gehorchen oder absurd wirken. Auch hier könnte eine zeitlose Weite aufzuscheinen, Trommelrhythmus kann dabei einen Halt geben, um sich gehalten genug zu fühlen, um den Geist in die Weiten des Zeit-Raums tief eintauchen zu lassen.
Gebet vor einer Marienstatue im dämmrigen Kerzenschein einer Kirche, gregorianischer Choral oder ein monotones Rosenkranz-Gebet können den Geist ebenso von den logisch-analytischen Verkettungen der Umwelt lösen und so in überzeitliche Räume führen.

Es spricht vieles dafür, dass unser Geist mehr ist als eine hochleistungsfähige Rechenmaschine. Es gibt noch viel mehr auf unserer Welt, als wir mit unserem Verstand erfassen können. Die Sehnsucht nach Weite jenseits der Logik und Analyse wird uns immer begleiten.

Vor noch nicht allzu langer Zeit vertrauten die meisten Menschen, dem, was sie selbst mit ihren Händen und ihrem Wissen und in persönlicher Gemeinschaft erreichen und erleben konnten, dazu noch vertrauten sie auf Gott oder Götter, auf Meditation oder Qi Gong und Vertretern, die sich mit Spiritualität auskannten. Heute vertraut man oft virtuellen Welten (shoppen, spielen, Information) und wissenschaftlichen Computer-Berechnungen und -Modellen. Das ist eine tiefgreifende Veränderung, nicht nur der materiellen Möglichkeiten und Entwicklungen, sondern auch der geistigen.
Es gibt von einem Qi Gong-Meister den Spruch (zitiert von Canda auf ihrer DVD „Qi Gong für Unbewegliche“, www.wellness-dvd.com): „Wo deine Gedanken sind, da ist das Qi, wo das Qi ist, da entstehen Kraft und Stärke“. Man könnte wohl auch sagen: „Wo deine Gedanken sind, da ist dein Herz.“ Wo ist unser Herz, wenn wir uns mit Gedanken viel in virtuellen Welten bewegen und dabei zuallererst Berechnungen und Statistiken vertrauen? Wie verändert sich dadurch unser Er-leben? Wird es freier und vielfältiger oder starrer und unwirklicher? Die Antwort ist noch offen.

Zum Abschluss soll hier eine noch kleines unintellektuelles Bild von Weite durch eine kleine (erfundene) Erzählung entstehen. Das Lied von Paul McCartney (von den Beatles) „The Fool on the Hill“, über den einfachen Weisen auf dem Berg, der sieht, wie die Sonne untergeht und seine Augen erschauen, wie die Welt sich um und um dreht, dieser Liedtext hat mich zu der folgenden Erzählung inspiriert.

13. Ein kleine Erzählung

Inspiriert von Paul McCartneys (Beatles) Song:
„The Fool on the Hill"

Markus und Rosemarie waren auf einen hohen Berg gestiegen. Nun erreichen sie endlich den Gipfel – und ein großartiger Blick eröffnet sich vor ihnen. In der einen Himmelsrichtung reihen sich Bergrücken hinter Bergrücken, bis sie weit in der Ferne bläulich und verschwommen werden und schließlich im Dunst verschwinden. In der anderen Richtung senkt sich der Berg ab, und Markus und Rosemarie können auf die niedrigeren Berge herabschauen, weiter dahinter erstreckt sich das Land als eine große Ebene. Ein glitzernder Fluss schlängelt sich zwischen grünen Wiesen und dunkleren Wäldern hindurch. Er bringt seit undenklichen Zeiten das Wasser, das durch den Regen hernieder fällt auf einem weiten Weg zum Ozean. Vögel kreisen im blauen Himmel. Irgendwo in der Ferne bilden sich Wolken und verschwinden wieder. Die Luft ist frisch und klar.

Langsam versinkt die rötliche Sonne hinter den Bergen, der Abend kommt, Vögel singen ihr Abendlied. Die Schatten werden länger, die Täler sind bereits ziemlich dunkel. Die Farben wandeln sich in Variationen von Grau, und dann werden sie zu Schwarz. Der Himmel wird tief blau, der Abendstern beginnt zu leuchten. Irgendwo bellt ein Hund. Die Glocken einer entfernten Kirche läuten zum Abendgebet, sie erzählen davon, dass Menschen seit ungezählten Generationen darauf vertrauen, dass es in unserer Welt ein guter Gott wirkt, auf den man hoffen kann – in guten und in schlechten Zeiten. Und in alten Zeiten beteten die Menschen bevor es Nacht wurde vertrauensvoll zu diesem guten Gott, und manche tun es noch heute.

Und nun erhebt sich die Nacht mit einem tiefen und weiten Schwarz – aber nicht ohne ferne Lichter. Ein schmaler, zunehmender Mond ist zusehen, und mehr und mehr Sterne beginnen zu funkeln, und je dunkler die Nacht wird, desto heller blinken sie. Im tiefen Dunkel ist der Himmel übersät mit Sternen, die Milchstraße zeigt ihr glitzerndes Band, hingezogen über die Weite des ganzen Himmels, sie erzählt uns von zahllosen anderen Welten dort draußen, manche ururalt, manche neuer entstanden innerhalb von Millionen Äonen. Diese ungeheure Weite des Universums können Markus und Rosmarie nur staunend betrachten.

Nachdem Markus und Rosmarie eine Weile dort gestanden sind und in den Himmel voller Sterne geschaut haben, schlendern sie zu einer nahe gelegenen Hütte, nehmen ein einfaches Abendessen zu sich und legen sich danach schlafen, im Vertrauen, dass am nächsten Morgen die Sonne wieder aufgehen wird und ein neuer Tag beginnen wird.

14. Dank

Ich danke meinem Freud Jürgen, der mich hilfreich durch ausgezeichnetes Kochen und andere praktische Tätigkeiten unterstützt, wenn ich beim Schreiben „versunken" bin. Außerdem regt er meinen Geist durch philosophische oder gesellschaftspolitische und sprachwissenschaftliche Gespräche immer wieder neu an.

Ich danke dem BoD-Verlag für die unkomplizierte und günstige Möglichkeit, Bücher nach eigenen Vorstellungen zu veröffentlichen.

Raum für eigene Leser-Notizen

Raum für eigene Leser-Notizen

Raum für eigene Leser-Notizen

Raum für eigene Leser-Notizen